I CAN
초등 영단어
Intermediate
Level

우선순위 영단어 600

by HWA KYUNG CHOI

KB097991

RUNA
BOOKS

저자 **최화경**

영국에서 TESOL 과정을 수료

유럽 및 영어권 전문 영어가이드로 활동하고 있으며 번역가로도 활동하고 있다.

저서로는 [Block voca]가 있으며 번역 작품으로는 [영어와 함께 읽는 이솝우화]가 있다.

I can 초등 영단어
우선순위영단어 600

초판 1쇄 발행 | 2021년 12월 10일

저 자 | 최화경

펴낸이 | 이원호

펴낸곳 | 리나북스

등 록 | 제99-2021-000013호

주 소 | 경기도 남양주시 와부읍 덕소로97 101, 104-902

전 화 | 031)576-0959

이메일 | rinabooks@naver.com

구입문의 | rinabooks@naver.com

I S B N | 979-11-974084-4-1   63740

시작 글

I can

초등 영단어 우선순위 600은 재미있는 문제를 통해 우선순위를 선발하여
단어를 배우도록 하였습니다.

단어는 혼자 사용되지 않습니다.
예문을 통하여 단어가 어떻게 사용되고 있는지를 문장에서 어떤 역할은 하고 있는지를
파악하는 것은 매우 중요합니다.

I can

초등 영단어 우선순위 600은 중점이 되는 단어를 담았습니다.
짧은 시간에 꼭 필요한 단어를 학습 할 수 있습니다.

I can

초등 영단어 우선순위 600은 재미있는 문제를 통해
단어를 반복학습 할 수 있도록 하였습니다.
반복학습은 모든 난이도에서 단어를 자신의 것으로 만들 수 있는
최선의 방법입니다.

I can

초등 영단어 시리즈를 통해 영어 학습에 도움이 되길 바랍니다.

책의 구성

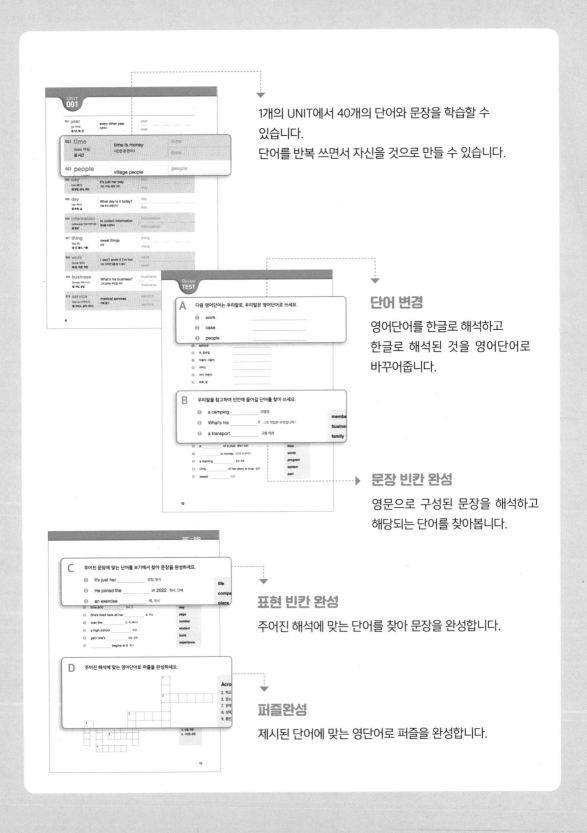

1개의 UNIT에서 40개의 단어와 문장을 학습할 수 있습니다.
단어를 반복 쓰면서 자신을 것으로 만들 수 있습니다.

단어 변경

영어단어를 한글로 해석하고 한글로 해석된 것을 영어단어로 바꾸어줍니다.

문장 빈칸 완성

영문으로 구성된 문장을 해석하고 해당되는 단어를 찾아봅니다.

표현 빈칸 완성

주어진 해석에 맞는 단어를 찾아 문장을 완성합니다.

퍼즐완성

제시된 단어에 맞는 영단어로 퍼즐을 완성합니다.

목차

001 **year** [jɪr 이어] 명 1년, 해, 연	every other year 2년마다	year year
002 **time** [taɪm 타임] 명 시간	time is money 시간은 곧 돈이다	time time
003 **people** [piːpl 피펄] 명 사람들	village people 마을 사람들	people people
004 **way** [weɪ 웨이] 명 방법, 방식, 태도	it's just her way 그냥 그녀는 원래 그래	way way
005 **day** [deɪ 데이] 명 하루, 날	What day is it today? 오늘 무슨 요일이지?	day day
006 **information** [ɪnfərmeɪʃn 인포어메이션] 명 정보	to collect information 정보를 수집하다	information information
007 **thing** [θɪŋ 씽] 명 것, 물건, 사물	sweet things 단것	thing thing
008 **work** [wɜːrk 워크] 명 일, 직장, 직업	I can't work if I'm hot 나는 더우면 일을 할 수 없다	work work
009 **business** [bɪznəs 비즈니스] 명 사업, 상업	What's his business? 그의 업무는 무엇입니까?	business business
010 **service** [sɜːrvɪs 서어비스] 명 서비스, 공익 서비스	medical services 의료 봉사	service service

011	**life** [laɪf 라이프] 명 살아 있음, 목숨, 삶	She's lived here all her life 그녀는 평생 이곳에서 살아 왔다	life \ life
012	**company** [kʌmpəni 컴페이니] 명 회사, 단체	He joined the company in 2022 그는 2022년에 그 회사에 입사했다	company \ company
013	**world** [wɜːrld 워얼드] 명 세계	a map of the world 세계 지도	world \ world
014	**site** [saɪt 사이트] 명 위치, 현장, 장소	a camping site 야영장	site \ site
015	**part** [pɑːrt 파아트] 명 일부, 약간, 부분	Only part of her story is true 그녀의 이야기는 일부만이 진실이다	part \ part
016	**student** [stuːdnt 스튜우던트] 명 학생	a high school student 고등학생	student \ student
017	**child** [tʃaɪld 챠일드] 명 아이, 어린이	I lived in New York as a child 나는 어렸을 때 뉴욕에 살았다	child \ child
018	**system** [sɪstəm 시이스템] 명 제도, 체제	a transport system 교통 체계	system \ system
019	**number** [nʌmbə(r) 넘버어] 명 수, 숫자	the number of students 학생 수	number \ number
020	**program** [proʊgræm 프로우그램] 명 프로그램	a training program 훈련 계획	program \ program

021	**place** [pleɪs 플레이스] 몡 장소, 곳	time and place 시간과 공간	place place
022	**week** [wiːk 위이크] 몡 주, 일주일	a week ago Monday 지난주 월요일	week week
023	**family** [fǽməli 패밀리] 몡 가족, 가정, 가구	the Royal Family 왕족	family family
024	**page** [peɪdʒ 페이지] 몡 페이지, 면, 쪽	over the page 다음 페이지에	page page
025	**home** [hoʊm 호움] 몡 집(가정), 주택	a sweet home 단란한 가정	home home
026	**book** [bʊk 부크] 몡 책, 저서, 도서	an exercise book 연습장	book book
027	**case** [keɪs 케이스] 몡 경우, 실정, 사실	She's a hopeless case 그녀는 가망 없는 사람이다	case case
028	**group** [gruːp 그룹] 몡 무리, 그룹, 집단	a group of people 한 무리의 사람들	group group
029	**problem** [prɑːbləm 프라브롬] 몡 문제	the problem of traffic 교통 문제	problem problem
030	**product** [prɑːdʌkt 프라덕트] 몡 생산물, 상품, 제품	gross national product 국민 총생산액	product product

031	**school** [sku:l 스쿠울] 명 학교	School begins at 9. 학교수업은 9시에 시작한다	school school
032	**area** [eriə 에어리어] 명 지역, 구역	parking area 주차 구역	area area
033	**community** [kəmju:nəti 커뮤니티] 명 주민, 지역 사회	the international community 국제 사회	community community
034	**member** [membə(r) 멤버] 명 구성원, 회원	a member of a club 클럽의 회원	member member
035	**experience** [ɪkspɪriəns 익스피어리언스] 명 경험, 경력	gain one's experience 경험을 쌓다	experience experience
036	**issue** [ɪʃu: 이슈] 명 주제, 쟁점	debate an issue 문제를 토의하다	issue issue
037	**project** [prɒdʒekt 프로젝트] 명 계획, 과제	a home Project 가정 실습	project project
038	**state** [steɪt 스테이트] 명 상태, 국가, 나라	He was in a state of shock 그는 쇼크 상태였다	state state
039	**month** [mʌnθ 먼쓰] 명 달, 월	from month to month 다달이	month month
040	**user** [ju:zə 유으저] 명 이용자, 사용자	Print job canceled by a user 사용자가 인쇄를 취소했습니다	user user

A 다음 영어단어는 우리말로, 우리말은 영어단어로 쓰세요.

1. work _____
2. case _____
3. people _____
4. issue _____
5. school _____
6. 주, 일주일 _____
7. 이용자, 사용자 _____
8. 서비스 _____
9. 아이, 어린이 _____
10. 하루, 날 _____

B 우리말을 참고하여 빈칸에 들어갈 단어를 찾아 쓰세요.

1. a camping _____ 야영장
2. What's his _____? 그의 직업은 무엇입니까?
3. a transport _____ 교통 체계
4. a map of the _____ 세계 지도
5. the Royal _____ 왕족
6. a _____ of a club 클럽의 회원
7. _____ is money 시간은 곧 돈이다
8. a training _____ 훈련 계획
9. Only _____ of her story is true 일부
10. sweet _____ 단것

member
business
family
things
site
time
world
program
system
part

C 주어진 문장에 맞는 단어를 보기에서 찾아 문장을 완성하세요.

❶ it's just her ＿＿＿＿＿ 방법, 방식

❷ He joined the ＿＿＿＿＿ in 2022 회사, 단체

❸ an exercise ＿＿＿＿＿ 책, 저서

❹ the ＿＿＿＿＿ of students 수, 숫자

❺ time and ＿＿＿＿＿ 장소, 곳

❻ She's lived here all her ＿＿＿＿＿ 삶, 목숨

❼ over the ＿＿＿＿＿ 면, 쪽, 페이지

❽ a high school ＿＿＿＿＿ 학생

❾ gain one's ＿＿＿＿＿ 경험, 경력

❿ ＿＿＿＿＿ begins at 9 학교

> life
> company
> place
> School
> way
> page
> number
> student
> book
> experience

D 주어진 해석에 맞는 영어단어로 퍼즐을 완성하세요.

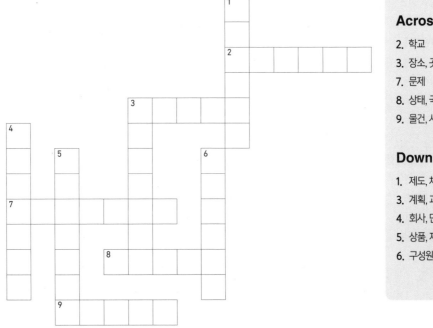

Across
2. 학교
3. 장소, 곳
7. 문제
8. 상태, 국가
9. 물건, 사물

Down
1. 제도, 체제
3. 계획, 과제
4. 회사, 단체
5. 상품, 제품
6. 구성원, 회원

041	**question** [kwestʃən 퀘스쳔] 몡 질문, 의문	answer a question 질문에 답하다	question question
042	**point** [pɔɪnt 포오인트] 몡 의견, 요점	I missed the point 내가 요점을 놓친 것 같다	point point
043	**game** [geɪm 게임] 몡 게임, 경기	Let's have a game of tennis 우리 테니스 게임을 하자	game game
044	**country** [kʌntri 컨츄리] 몡 국가, 나라	a developing country 개발도상국	country country
045	**course** [kɔːrs 코오스] 몡 강의, 강좌, 과목	take a course design 디자인 과목을 듣다	course course
046	**government** [gʌvərnmənt 가버먼트] 몡 정부, 정권, 행정	Failed government 실패한 정부	government government
047	**event** [ɪ'vent 이벤트] 몡 사건, 행사	It was quite an event 정말 대사건이었다	event event
048	**idea** [aɪdiːə 아이디어] 몡 발상, 생각, 견해	What a good idea! 참 좋은 생각이다!	idea idea
049	**name** [neɪm 네임] 몡 이름, 몡성	a great name 위대한 명성	name name
050	**use** [juːs 유으스] 몡 사용, 이용, 용도	teach the use of a machine 기계 사용법을 가르치다	use use

051 process
[prɑːses 프로세스]
몡 과정, 절차

the process of history
역사의 진행 과정

process

process

052 result
[rɪˈzʌlt 리저어트]
몡 결과, 결실

as a result of
~의 결과로써

result

result

053 example
[ɪgzɑːmpl 이그젬플]
몡 사례, 예, 본보기

for example
예를 들면

example

example

054 money
[mʌni 머니]
몡 돈, 금전

change money
환전하다

money

money

055 change
[tʃeɪndʒ 체인지]
몡 변화, 색다른 것

a change in the weather
날씨 변화

change

change

056 today
[tədeɪ 투데이]
몡 오늘, 오늘날

today's newspaper
오늘 신문

today

today

057 job
[dʒɑːb 잡]
몡 일, 직장

He got the top job
그는 최고의 직장에 다녔다

job

job

058 customer
[kʌstəmə 커스터머]
몡 손님, 고객

I'm a regular customer
나는 단골손님이야

customer

customer

059 level
[levl 레벌]
몡 정도, 수준

the level of living
생활수준

level

level

060 team
[tiːm 티임]
몡 팀, 단체

a team race
단체 경주

team

team

061	**friend**	a friend of mine	friend
	[frend 프렌드]	나의 친구	friend
	몡 친구, 후원자		

062	**person**	the natural person	person
	[pɜ:rsn 퍼손]	자연인	person
	몡 사람, 개인		

063	**fact**	fact is that~	fact
	[fækt 팩트]	사실은 ~이다	fact
	몡 ~점, 사실		

064	**health**	the best of health	health
	[helθ 헬쓰]	건강이 최상이다	health
	몡 건강, 보건, 의료		

065	**term**	It's nearly the end of term	term
	[tɜ:rm 텀]	거의 학기 말이 다 되었다	term
	몡 용어, 말, 학기		

066	**law**	to pass a law	law
	[lɔ: 로우]	법률을 통과시키다	law
	몡 법, 법률		

067	**type**	I love this type of book	type
	[taɪp 타아입]	나는 이런 종류의 책을 아주 좋아한다	type
	몡 유형, 종류		

068	**content**	the contents of a book	content
	[kɑ:ntent 칸덴트]	책의 내용	content
	몡 내용물, 목차, 내용		

069	**market**	a street market	market
	[mɑ:rkɪt 마켓트]	길거리 시장	market
	몡 시장		

070	**word**	He left without a word	word
	[wɜ:rd 워드]	그는 말없이 떠났다	word
	몡 단어, 낱말		

071	**end** [end 앤드] 몡 끝	Go to the end of the line! 줄 끝으로 가세요!	end end
072	**value** [vælju: 벨류] 몡 가치	market value 시장 가격(시가)	value value
073	**policy** [pɑ:ləsi 폴리시] 몡 정책, 방침	a policy document 정책 문서	policy policy
074	**article** [ɑ:rtɪkl 아티클] 몡 글, 기사, 조항	a leading article 주요 기사	article article
075	**medium** [mi:diəm 미디엄] 몡 매체, 도구	the medium of communication 보도 기관	medium medium
076	**power** [paʊə(r) 파워] 몡 힘, 권력, 정권	Knowledge is power 아는 것이 힘이다	power power
077	**hour** [aʊə(r) 아워] 몡 1시간, 시간	There are 24 hours in a day 하루는 24시간이다	hour hour
078	**line** [laɪn 라인] 몡 선, 줄, 주름살	a diagonal line 대각선	line line
079	**technology** [teknɑ:lədʒi 테크널러지] 몡 기술, 기계, 장비	science and technology 과학 기술	technology technology
080	**search** [sɜ:rtʃ 서어치] 몡 찾기, 수색, 검색	to do a search on the Internet 인터넷으로 검색하다	search search

A 다음 영어단어는 우리말로, 우리말은 영어단어로 쓰세요.

❶ game _____

❷ person _____

❸ idea _____

❹ question _____

❺ power _____

❻ 사용, 이용 _____

❼ 유형, 종류 _____

❽ 찾기, 수색 _____

❾ 강의, 강좌 _____

❿ 일, 직장 _____

B 우리말을 참고하여 빈칸에 들어갈 단어를 찾아 쓰세요.

❶ I missed the _____ 내가 요점을 놓친 것 같다

❷ change _____? 환전하다

❸ a _____ in the weather 날씨 변화

❹ It was quite an _____ 정말 대사건 이었다

❺ a _____ race 단체 경주

❻ a leading _____ 주요 기사

❼ _____ is that~ 사실은 ~이다

❽ a great _____ 위대한 명성

❾ I'm a regular _____ 나는 단골손님이야

❿ for _____ 예를 들면

customer

change

name

event

fact

point

example

team

money

article

C 주어진 문장에 맞는 단어를 보기에서 찾아 문장을 완성하세요.

① a developing _____ 국가, 나라

② science and _____ 기술, 기계

③ the _____ of history 과정, 절차

④ to pass a _____ 법, 법률

⑤ the _____ of living 정도, 수준

⑥ the best of _____ 건강, 보건

⑦ the _____ of communication 매체, 도구

⑧ as a _____ of 결과, 결실

⑨ Go to the _____ of the line! 끝

⑩ a _____ of mine 친구, 후원자

end

process

result

law

medium

country

friend

level

technology

health

D 주어진 해석에 맞는 영어단어로 퍼즐을 완성하세요.

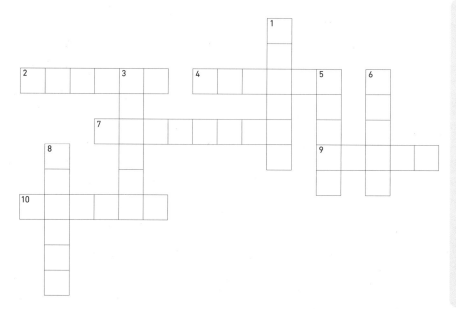

Across

2. 정책, 방침
4. 매체, 도구
7. 질문, 의문
9. 사건, 행사
10. 시장

Down

1. 친구
3. 강의, 강좌
5. 돈, 금전
6. 힘, 권력
8. 찾기, 수색

081	**list** [lɪst 리스트] 몡 리스트, 목록, 명단	a shopping list 쇼핑 목록	list list
082	**cost** [kɔːst 코스트] 몡 값, 비용, 경비	the cost of production 생산비	cost cost
083	**reason** [riːzn 리즌] 몡 이유, 까닭, 사유	the reason for saying this 이런 말을 하는 이유	reason reason
084	**study** [stʌdi 스터어디] 몡 공부, 학습, 학문	study English as a major 영어를 전공으로 공부하다	study study
085	**application** [æplɪ'keɪʃn 애플리케이션] 몡 지원, 적용, 응용	passport application 여권 신청서	application application
086	**tool** [tuːl 툴] 몡 연장, 도구, 공구	a tool of communication 전달 수단	tool tool
087	**activity** [æk'tɪvəti 액티비티] 몡 움직임, 활기	the activity of a volcano 화산의 활동	activity activity
088	**interest** [ɪntrəst 인터레스트] 몡 관심, 흥미, 호기심	I lost interest in studying 나는 공부에 흥미를 잃었다	interest interest
089	**design** [dɪ'zaɪn 디자인] 몡 디자인, 설계	I like the new design 새로운 디자인이 마음에 든다	design design
090	**action** [ækʃn 액션] 몡 행동, 조치, 동작	Action comes before words 말보다 행동이 우선이다	action action

091	**history**	History repeats itself	history
	[hɪstri 히이스토리]	역사는 되풀이된다	
	몡 역사, 역사학		history

092	**industry**	She works in the tourism industry	industry
	[ɪndəstri 인더스트리]	그녀는 관광업에 종사한다	
	몡 산업, 공업, 제조업		industry

093	**bit**	I bought it a bit expensive	bit
	[bɪt 비트]	조금 비싸게 산 것 같다	
	몡 조금, 약간, 잠깐		bit

094	**option**	make one's option	option
	[ɑːpʃn 옵션]	선택을 하다	
	몡 선택, 선택권		option

095	**client**	consult with the client	client
	[klaɪənt 클라이언트]	의뢰인과 상담하다	
	몡 의뢰인		client

096	**story**	a bedtime story	story
	[stɔːri 스토리]	잠자기 전에 들려주는 이야기	
	몡 이야기, 일대기		story

097	**class**	get first place in class	class
	[klæs 클라스]	학급에서 1등을 하다	
	몡 학급, 반, 수업		class

098	**price**	Discounted price	price
	[praɪs 프라이스]	할인된 가격	
	몡 값, 가격, 대가		price

099	**side**	It stands on one side of the road	side
	[saɪd 사이드]	도로 한편에 서 있다	
	몡 한쪽, 쪽, 편		side

100	**source**	a news source	source
	[sɔːrs 소오스]	뉴스의 출처	
	몡 원천, 근원		source

101	**kind** [kaɪnd 카인드] 몡 종류, 유형	There are so many kind. 종류가 참 많다.	kind kind
102	**quality** [kwɑ:ləti 퀄리티] 몡사 우수함, 고급, 양질	goods of a high quality 질 높은 상품	quality quality
103	**rate** [reɪt 레이트] 몡 속도, 비율	a high success rate 높은 성공률	rate rate
104	**education** [edʒuˈkeɪʃn 에듀케이션] 몡 교육, 교육기관	elementary education 초등 교육	education education
105	**comment** [kɑ:ment 코멘트] 몡 논평, 언급	No comment 할 말이 없다	comment comment
106	**city** [sɪti 시티] 몡 도시, 시	Look around the city 도시를 구경하다	city city
107	**care** [ker 케어] 몡 돌봄, 보살핌, 조심	I'm taking care of my dog 강아지를 돌보고 있어요	care care
108	**party** [pɑ:rti 파아티] 몡 파티, 정당	I was invited to a birthday party 나는 생일 파티에 초대받았다	party party
109	**file** [faɪl 파일] 몡 파일, 서류철	Organize the file 파일을 정리합니다	file file
110	**image** [ɪmɪdʒ 이미지] 몡 이미지, 연상	The company's image is not good 회사의 이미지가 좋지 않다	image image

111	**body** [bɑːdi 바디] 명 몸, 신체	build up one's body 몸을 단련하다	body body
112	**benefit** [benɪfɪt 베네핏트] 명 혜택, 이득	benefit from it 이득을 얻다	benefit benefit
113	**sale** [seɪl 세일] 명 판매, 영업, 매출	Sales manager 영업 담당자	sale sale
114	**room** [ruːm 루움] 명 방, ~실	living room 거실	room room
115	**solution** [səˈluːʃn 솔루션] 명 해법, 해결책	Is there a solution? 해결책은 있나요?	solution solution
116	**step** [step 스텝] 명 걸음, 걸음걸이	a baby's first steps 아기의 첫 걸음	step step
117	**account** [əˈkaʊnt 어카운트] 명 계좌, 장부	I created a bank account 저는 은행 계좌를 만들었습니다	account account
118	**decision** [dɪˈsɪʒn 디시이전] 명 결정, 판단, 결단력	to make a decision 결정을 내리다	decision decision
119	**minute** [mɪnɪt 미닛] 명 분, 잠깐	One minute is a waste right now 지금은 1분이 아깝다	minute minute
120	**view** [vjuː 뷰우] 명 견해, 생각, 의견	They have different views 그들의 견해는 다르다	view view

A 다음 영어단어는 우리말로, 우리말은 영어단어로 쓰세요.

① application _____

② class _____

③ reason _____

④ step _____

⑤ view _____

⑥ 목록, 명단 _____

⑦ 고급, 우수함 _____

⑧ 흥미, 호기심 _____

⑨ 돌봄, 보살핌 _____

⑩ 행동, 조치 _____

B 우리말을 참고하여 빈칸에 들어갈 단어를 찾아 쓰세요.

① the _____ of production   생산비

② make one's _____   선택을 하다

③ consult with the _____   의뢰인과 상담하다

④ a news _____   뉴스의 출처

⑤ the _____ of a volcano   화산의 활동

⑥ a high success _____   높은 성공률

⑦ Discounted _____   할인된 가격

⑧ living _____   거실

⑨ I bought it a _____ expensive   조금 비싸게 산 것 같다

⑩ I like the new _____   새로운 디자인이 마음에 든다

rate
option
activity
design
cost
price
source
room
client
bit

C 주어진 문장에 맞는 단어를 보기에서 찾아 문장을 완성하세요.

❶ _____ English as a major 공부, 학습

❷ a bedtime _____ 이야기, 일대기

❸ It stands on one _____ of the road 한쪽, 편

❹ There are so many _____ 종류, 유형

❺ Look around the _____ 도시, 시

❻ Is there a _____? 해법, 해결책

❼ One _____ is a waste right now 분, 잠깐

❽ elementary _____ 교육, 교육기관

❾ She works in the tourism _____ 산업, 공업

❿ _____ repeats itself 역사, 역사학

solution

story

city

history

study

minute

kind

education

side

industry

D 주어진 해석에 맞는 영어단어로 퍼즐을 완성하세요.

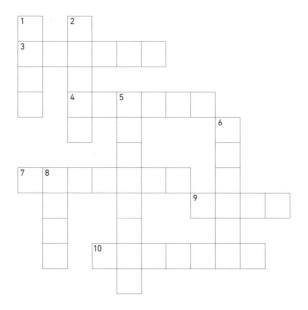

Across

3. 선택, 선택권
4. 디자인, 설계
7. 계좌, 장부
9. 견해, 생각
10. 논평, 언급

Down

1. 몸, 신체
2. 공부, 학습
5. 해법, 해결책
6. 행동, 조치
8. 값, 비용

121	**house** [haʊz 하우스] 명 집, 가옥, 주택	My house is so cold 우리 집은 너무 추워요	house house
122	**network** [netwɜːrk 네트워크] 명 망, 네트워크	a network of railroads 철도망	network network
123	**wood** [wʊd 우드] 명 나무, 목재	Make a house using wood 나무로 집을 짓다	wood wood
124	**night** [naɪt 나이트] 명 밤, 야간	I take a walk every night 나는 매일 밤 산책을 한다	night night
125	**space** [speɪs 스페이스] 명 공간, 장소	There is no space to hide 숨을 곳이 없다	space space
126	**model** [mɑːdl 마덜] 명 모형, 모델	a model aeroplane 모형 비행기	model model
127	**amount** [əmáunt 어마운트] 명 액수, 총액, 총계	a large amount of money 거액의 돈	amount amount
128	**goal** [goʊl 고울] 명 골문, 골, 득점	The penalty goal decided the game 승부차기 골로 승부가 갈렸다	goal goal
129	**feature** [fíːtʃə(r) 피이쳐] 명 특색, 특징	do a feature on Korea 한국 특집을 하다	feature feature
130	**effect** [ɪˈfekt 이펙트] 명 영향, 결과, 효과	cause and effect 원인과 결과	effect effect

131	**role** [roul 로울] 몡 역할, 배역, 역	His role is a villain 그의 역할은 악당이다	role role
132	**field** [fi:ld 피일드] 몡 들판, 밭, 사육장	The cows ran around in the field 소들이 들판을 뛰어다녔다	field field
133	**credit** [kredɪt 크레딧트] 몡 신용거래, 융자	She has a lot of credit 그녀는 신용이 두텁다(좋다)	credit credit
134	**training** [treɪnɪŋ 트레이닝] 몡 교육, 훈련, 연수	Training before the match 시합 전 훈련	training training
135	**mind** [maɪnd 마인드] 몡 마음, 정신, 생각	You have a conscious mind 의식이 있으시군요	mind mind
136	**office** [ɔːfɪs 오피스] 몡 근무처, 사무실, 사옥	Office worker 회사원	office office
137	**age** [eɪdʒ 에이지] 몡 나이, 연령, 수명	Age is just a number 나이는 숫자에 불과하다	age age
138	**news** [nuːz 뉴우스] 몡 소식, 뉴스	Have you heard the news? 그 소식 들었니?	news news
139	**wall** [wɔːl 워얼] 몡 담, 벽	escaped over the wall 담을 넘어 탈출하다	wall wall
140	**skill** [skɪl 스킬] 몡 기량, 기술	He has excellent skills 그는 뛰어난 기술을 가지고 있다	skill skill

141	**control** [kəntroul 컨트럴] 똉 지배, 통제	It is not easy to control the mind 마음을 다스리는 것은 쉽지 않다	control control
142	**address** [ə'dres 어드레스] 똉 주소	Tell me your home address 집 주소를 가르쳐 주세요	address address
143	**beach** [biːtʃ 비이치] 똉 해변, 바닷가	I went to a beach cafe 나는 해변 카페에 갔다	beach beach
144	**actress** [æktrəs 액트레스] 똉 여배우	Best Actress Award 여우주연상	actress actress
145	**board** [bɔːrd 보어드] 똉 판자, ~판	a diving board 다이빙대	board board
146	**beef** [biːf 비이프] 똉 소고기	Beef is delicious when grilled 쇠고기는 구워야 맛있다	beef beef
147	**box** [bɑːks 박스] 똉 상자	I folded the paper box 나는 종이 상자를 접었다	box box
148	**bridge** [brɪdʒ 브리이지] 똉 다리, 가교	I walked across the bridge 나는 다리를 걸어서 건넜다	bridge bridge
149	**button** [bʌtn 버튼] 똉 단추, 버튼	to sew on a button 단추를 달다	button button
150	**butter** [bʌtə 버터] 똉 버터	peanut butter 땅콩버터	butter butter

151	**camera** [kæmərə 캐머러] 명 카메라	I want to buy a good camera 좋은 카메라를 사고 싶다	camera camera
152	**carrot** [kærət 캐럿] 명 당근	Cooking with carrots 당근으로 요리하기	carrot carrot
153	**cheek** [tʃiːk 치이크] 명 볼, 뺨	My cheeks froze because it was cold 추워서 볼이 얼었다	cheek cheek
154	**chest** [tʃest 체스트] 명 가슴, 흉부	chest pains 가슴 통증	chest chest
155	**circle** [sɜːrkl 써클] 명 원, 동그라미	Draw a circle 원을 하나 그려라	circle circle
156	**chin** [tʃɪn 친] 명 턱	There's something on my chin 턱에 뭐가 묻었어요	chin chin
157	**corn** [kɔːrn 콘] 명 옥수수, 콘, 곡식	I made popcorn out of corn 나는 옥수수로 팝콘을 만들었다	corn corn
158	**cover** [kʌvə(r) 커어버] 명 덮개, 커버, 숨길 곳	The back cover of the book 책의 뒷표지	cover cover
159	**cousin** [kʌzn 커즌] 명 사촌, 친척	She's my cousin 그녀는 내 사촌이다	cousin cousin
160	**dentist** [dentɪst 덴티스트] 명 치과의사, 치과	I'm afraid to go to the dentist 저는 치과에 가는 것이 두려워요	dentist dentist

A 다음 영어단어는 우리말로, 우리말은 영어단어로 쓰세요.

1. wood _____
2. address _____
3. dentist _____
4. chin _____
5. age _____
6. 영향, 결과 _____
7. 집, 가옥 _____
8. 골, 득점 _____
9. 상자 _____
10. 공간, 장소 _____

B 우리말을 참고하여 빈칸에 들어갈 단어를 찾아 쓰세요.

1. a _____ of railroads 철도망
2. She has a lot of _____ 그녀는 신용이 두텁다 좋다
3. a large _____ of money 거액의 돈
4. Have you heard the _____? 그 소식 들었니?
5. I went to a _____ cafe 나는 해변 카페에 갔다
6. do a _____ on Korea 한국 특집을 하다
7. _____ pains 가슴 통증
8. He has excellent _____ 그는 뛰어난 기술을 가지고 있다
9. You have a conscious _____ 의식이 있으시군요
10. _____ before the match 시합 전 훈련

mind
amount
skills
news
chest
network
training
beach
credit
feature

C　주어진 문장에 맞는 단어를 보기에서 찾아 문장을 완성하세요.

❶　I take a walk every _____ 밤, 야간

❷　She's my _____ 사촌, 친척

❸　escaped over the _____ 담, 벽

❹　His _____ is a villain 역할, 배역

❺　It is not easy to _____ the mind 지배, 통제

❻　Best _____ Award 여배우

❼　The cows ran around in the _____ 들판, 사육장

❽　Draw a _____ 원, 동그라미

❾　_____ worker 사무실, 근무처

❿　_____ is delicious when grilled 소고기

actress
cousin
control
beef
night
field
role
circle
wall
office

D　주어진 해석에 맞는 영어단어로 퍼즐을 완성하세요.

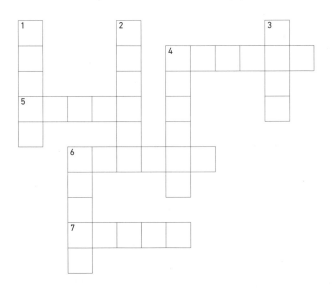

Across

4. 사촌, 친척
5. 공간, 장소
6. 단추
7. 덮개, 커버

Down

1. 가슴, 흉부
2. 영향, 결과
3. 마음, 생각
4. 당근
6. 해변, 바닷가

161	**deer** [dɪr 디어] 명 사슴	There are deer in the park 공원에 사슴이 있다	deer deer
162	**dream** [driːm 드리임] 명 꿈	awake from a dream 꿈에서 깨다	dream dream
163	**excuse** [ɪkˈskjuːs 익스큐우스] 명 변명, 이유	Don't make excuses! 변명하지 마!	excuse excuse
164	**farm** [fɑːrm 팜] 명 농장, 농원	work on a farm 농장에서 일하다	farm farm
165	**flag** [flæg 플래그] 명 기, 깃발	Let's raise the Korean flag 태극기를 게양합시다	flag flag
166	**eraser** [iréisər 이레이저] 명 지우개	Let me borrow your eraser 지우개 좀 빌려 주세요	eraser eraser
167	**future** [fjuːtʃə(r) 퓨처] 명 미래, 장래	The future can be expected 미래는 예상할 수 있다	future future
168	**gate** [geɪt 게이트] 명 문, 정문, 대문	The school gate is locked 교문은 잠겨있다	gate gate
169	**hair** [her 헤어] 명 머리카락, 털	to comb one's hair 머리를 빗다	hair hair
170	**glue** [gluː 글루] 명 접착제	Glue it together 접착제로 붙여 봐	glue glue

171 **glove** [glʌv 글러브] 圆 장갑	Make sure to wear gloves 장갑을 꼭 끼세요	glove glove
172 **hobby** [hɑːbi 하비] 圆 취미	I play the guitar as a hobby 나는 취미로 기타를 친다	hobby hobby
173 **holiday** [hɒlədeɪ 할리데이] 圆 휴가, 방학	I saved money for Holiday 나는 휴가를 위해 돈을 모았다	holiday holiday
174 **knee** [niː 닐] 圆 무릎	A knee injury while working out 운동 중 무릎 부상	knee knee
175 **kid** [kɪd 키드] 圆 아이	Do you have any kids? 아이가 있으세요?	kid kid
176 **knife** [naɪf 나이프] 圆 칼, 나이프	A knife is too dangerous 칼은 너무 위험하다	knife knife
177 **lake** [leɪk 레이크] 圆 호수	I went fishing in the lake 나는 호수로 낚시하러 갔다	lake lake
178 **leaf** [liːf 리프] 圆 잎, (책의)낱장	coming into leaf 잎이 돋아나는	leaf leaf
179 **letter** ['letə(r) 레터] 圆 편지, 글자	to mail a letter 편지를 부치다	letter letter
180 **matter** [mætə(r) 매터] 圆 문제, 상황, 사태	It's a personal matter 개인적인 문제입니다	matter matter

181	**library** [laɪbreri 라이브러리] 몡 도서관, 서재	Borrow books from the library 도서관에서 책을 빌린다	library library
182	**museum** [mjuˈziːəm 뮤지엄] 몡 박물관, 미술관	Go to the British Museum 대영박물관에 가다	museum museum
183	**neck** [nek 넥] 몡 목, 목 부분	A giraffe with a long neck 목이 긴 기린	neck neck
184	**noise** [nɔɪz 노이즈] 몡 소리, 소음	Don't make a noise 소리 내지 마	noise noise
185	**pepper** [pepə(r) 페퍼] 몡 후추	Add pepper at the end 마지막에 후추를 넣으세요	pepper pepper
186	**piece** [piːs 피이스] 몡 한 부분, 조각	One piece is enough 한 조각이면 충분해요	piece piece
187	**puppy** [pʌpi 퍼피] 몡 강아지	Such a cute puppy 정말 귀여운 강아지네요	puppy puppy
188	**rainbow** [reɪnboʊ 레인보우] 몡 무지개	A rainbow rose after the rain 비온 후 무지개가 떴다	rainbow rainbow
189	**rest** [rest 레스트] 몡 나머지, 다른 사람들	Take care of the rest 나머지는 잘 챙기세요	rest rest
190	**road** [roʊd 로드] 몡 도로, 길	a country road 시골길	road road

191	**rock** [rɑːk 락] 명 암석, 암반, 암초	It broke the hard rock 단단한 바위가 부서졌다	rock rock
192	**size** [saɪz 사이즈] 명 크기, 규모, 치수	There is no shoe size that fits 맞는 신발 사이즈가 없다	size size
193	**ring** [rɪŋ 링] 명 반지, 고리	I wear a gold ring 나는 금반지를 끼고 있다	ring ring
194	**speech** [spiːtʃ 스피이치] 명 연설, 담화	His speech was touching 그의 연설은 감동적이었다	speech speech
195	**sock** [sɑːk 삭] 명 양말	The sock hole is too big 양말 구멍이 너무 커요	sock sock
196	**stair** [ster 스테어] 명 계단	The stairs are so slippery 계단이 너무 미끄러워요	stair stair
197	**store** [stɔː(r) 스토어] 명 백화점, 상점	The store is closed 상점이 문을 닫았어요	store store
198	**toe** [toʊ 토우] 명 발가락	My toes hurt 발가락이 아픕니다	toe toe
199	**towel** [taʊəl 타월] 명 수건, 타월	a beach towel 해변용 비치타월	towel towel
200	**trip** [trɪp 트립] 명 여행, 이동	a day trip 당일여행	trip trip

A 다음 영어단어는 우리말로, 우리말은 영어단어로 쓰세요.

① excuse   _____

② museum   _____

③ puppy   _____

④ lake   _____

⑤ flag   _____

⑥ 접착제   _____

⑦ 여행, 이동   _____

⑧ 사슴   _____

⑨ 문, 정문   _____

⑩ 계단   _____

B 우리말을 참고하여 빈칸에 들어갈 단어를 찾아 쓰세요.

① awake from a _____ 꿈에서 깨다

② A _____ injury while working out 운동 중 무릎 부상

③ coming into _____ 잎이 돋아나는

④ The _____ can be expected 미래는 예상할 수 있다

⑤ A giraffe with a long _____ 목이 긴 기린

⑥ His _____ was touching 그의 연설은 감동적이었다

⑦ to comb one's _____ 머리를 빗다

⑧ Do you have any _____? 아이가 있으세요?

⑨ It's a personal _____ 개인적인 문제입니다

⑩ I saved money for _____ 나는 휴가를 위해 돈을 모았다

matter
leaf
kids
future
hair
dream
holiday
neck
knee
speech

C 주어진 문장에 맞는 단어를 보기에서 찾아 문장을 완성하세요.

① work on a _____ 농장, 농원

② a beach _____ 수건, 타월

③ A _____ is too dangerous 칼, 나이프

④ I play the guitar as a _____ 취미

⑤ Don't make a _____ 소리, 소음

⑥ Borrow books from the _____ 도서관, 서재

⑦ One _____ is enough 부분, 조각

⑧ to mail a _____ 편지, 글자

⑨ The _____ hole is too big 양말

⑩ Make sure to wear _____ 장갑

library

towel

noise

gloves

farm

piece

hobby

letter

knife

sock

D 주어진 해석에 맞는 영어단어로 퍼즐을 완성하세요.

Across

2. 꿈
5. 편지, 글자
7. 무지개
8. 호수

Down

1. 수건
3. 박물관, 미술관
4. 미래, 장래
6. 장갑

35

201	**make** [meɪk 메이크] 图 만들다, 제작하다	to make a table/dress 탁자/드레스를 만들다	make make
202	**get** [get 겟] 图 받다, 구하다, 얻다	get a birthday present 생일 선물을 받다	get get
203	**take** [teɪk 테이크] 图 가지고 가다, 이동시키다	take a wild animal 야생 동물을 붙잡다	take take
204	**use** [juːz 유스] 图 쓰다, 사용하다	May I use your pen? 펜을 써도 되겠습니까?	use use
205	**say** [seɪ 세이] 图 말하다	"Sit down." he said "앉으세요." 그가 말했다	say say
206	**see** [siː 시이] 图 보다	See page 100 100페이지를 보세요	see see
207	**have** [hæv 해브] 图 가지다, 소유하다	Let's have a party 우리 파티 하자	have have
208	**do** [duː 두우] 图 하다	What do you do? 무슨 일을 하세요?	do do
209	**go** [goʊ 고우] 图 가다	It is time to go 이제 가야 할 시간이다	go go
210	**know** [noʊ 노우] 图 알고 있다	I know him to be honest 그가 정직한 사람이라고 알고 있다	know know

211	**find** [faɪnd 파인드] 통 찾다, 발견하다	find the lost key 잃어버린 열쇠를 찾다	find find
212	**work** [wɜːrk 워크] 통 일하다, 작업하다	look for work 일자리를 찾다	work work
213	**need** [niːd 니드] 통 필요로 하다	I need money 나는 돈이 필요하다	need need
214	**give** [gɪv 기브] 통 주다	give a birthday present 생일 선물을 주다	give give
215	**think** [θɪŋk 띵크] 통 생각하다 믿다	Let's think positive 우리 긍정적으로 생각하자	think think
216	**come** [kʌm 컴] 통 오다	Come here please 이쪽으로 오세요	come come
217	**want** [wɑːnt 원트] 통 원하다, 바라다	I want to see you 너를 만나고 싶다	want want
218	**help** [help 헬프] 통 돕다, 거들다	Thank you for all your help 모든 도움에 감사드립니다	help help
219	**include** [ɪnˈkluːd 인클루드] 통 포함하다	Does the price include tax? 그 가격에 세금이 포함되어 있나요?	include include
220	**try** [traɪ 트라이] 통 노력하다, 다하다	try one's best 최선을 다하다	try try

221	**keep** [kiːp 킵] 통 유지하다, 계속 있다	keep the change 잔돈은 그냥 가지세요	keep keep
222	**write** [raɪt 라이트] 통 쓰다	to write a novel 소설을 쓰다	write write
223	**become** [bɪˈkʌm 비컴] 통 ~이 되다	He became poor 그는 가난하게 됐다	become become
224	**look** [lʊk 룩] 통 보다 바라보다	Look at the time! 시간 좀 봐!	look look
225	**start** [staːrt 스타아트] 통 시작하다	I start work at 9 나는 9시에 일을 시작한다	start start
226	**read** [riːd 리드] 통 읽다	He read the poem aloud 그는 그 시를 큰 소리로 읽었다	read read
227	**create** [kriˈeɪt 크리에잇] 통 창조하다	create a sensation 센세이션을 일으키다	create create
228	**call** [kɔːl 콜] 통 ~라고 부르다	call the doctor 의사를 부르다	call call
229	**feel** [fiːl 필] 통 느끼다, 감정이 들다	I feel sorry for him 나는 그가 불쌍한 느낌이 들었다	feel feel
230	**learn** [lɜːrn 러언] 통 배우다	to learn a language 언어를 배우다	learn learn

231	**follow** [fɑːlou 팔로우] 통 따라가다	follow the fashion of the day 시대의 유행을 따르다	follow follow
232	**offer** [ɔːfə(r) 오퍼] 통 제의하다, 제공하다	We offered him a job 우리는 그에게 일자리를 제공했다	offer offer
233	**ask** [æsk 에스크] 통 묻다, 물어보다	Can I ask a question? 질문 하나 해도 돼요?	ask ask
234	**tell** [tel 텔] 통 말하다, 알리다	Tell me where you live 어디 사는지 말하세요	tell tell
235	**show** [ʃou 쇼우] 통 보여주다	show a movie 영화를 상영하다	show show
236	**mean** [miːn 민] 통 ~라는 뜻이다, 의미하다	Know what I mean? 무슨 말인지 알겠니?	mean mean
237	**put** [put 풋] 통 넣다, 두다, 놓다	Put your name here 여기에 이름을 쓰세요	put put
238	**add** [æd 애드] 통 첨가하다, 추가하다	add sugar to tea 차에 설탕을 타다	add add
239	**allow** [əˈlau 얼러우] 통 허락하다, 용납하다	allow a free passage 자유 통행을 허락하다	allow allow
240	**bring** [briŋ 브리잉] 통 가져오다, 데려오다	Bring the book to me 그 책을 가져다주세요	bring bring

A 다음 영어단어는 우리말로, 우리말은 영어단어로 쓰세요.

❶ write _____

❷ bring _____

❸ want _____

❹ go _____

❺ give _____

❻ 창조하다 _____

❼ 의미하다 _____

❽ 이동시키다 _____

❾ 가지다 _____

❿ 만들다 _____

B 우리말을 참고하여 빈칸에 들어갈 단어를 찾아 쓰세요.

❶ _____ a birthday present 생일 선물을 받다

❷ What do you _____? 무슨 일을 하세요?

❸ I _____ him to be honest 그가 정직한 사람이라고 알고 있다

❹ I _____ money 나는 돈이 필요하다

❺ Let's _____ positive 우리 긍정적으로 생각하자

❻ Thank you for all your _____ 모든 도움에 감사드립니다

❼ _____ one's best 최선을 다하다

❽ He _____ poor 그는 가난하게 됐다

❾ _____ me where you live 어디 사는지 말해요

❿ _____ your name here 여기에 이름을 쓰세요

tell
know
become
need
try
get
put
think
do
help

C 주어진 문장에 맞는 단어를 보기에서 찾아 문장을 완성하세요.

❶ May I _____ your pen? 쓰다, 사용하다

❷ He _____ the poem aloud 읽다

❸ _____ the lost key 찾다

❹ _____ here please 오다

❺ Does the price _____ tax? 포함하다

❻ _____ the change 유지하다, 계속 있다

❼ _____ at the time! 보다, 바라보다

❽ _____ a movie 보여주다

❾ We _____ him a job 제공하다

❿ Can I _____ a question? 묻다, 물어보다

offered

find

show

come

look

use

ask

include

read

keep

D 주어진 해석에 맞는 영어단어로 퍼즐을 완성하세요.

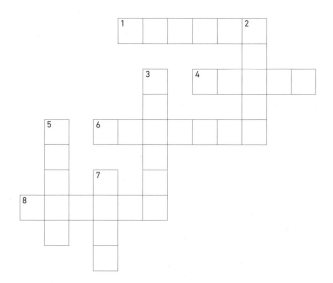

Across

1. 따라가다
4. 가져오다, 데려오다
6. 포함하다
8. 창조하다

Down

2. 쓰다
3. ~이 되다
5. 시작하다
7. 만들다

241	**leave** [liːv 리브] 동 떠나다	it's time we left 떠나야 할 시간이다	leave leave
242	**run** [rʌn 런] 동 달리다	hit and run 치고 달리기를 하다	run run
243	**like** [laɪk 라이크] 동 좋아하다	I like her 나는 그녀가 좋다	like like
244	**pay** [peɪ 페이] 동 지불하다	to pay cash 현금을 내다	pay pay
245	**seem** [siːm 시임] 동 ~처럼 보이다	You seem happy 너는 행복해 보인다	seem seem
246	**build** [bɪld 빌드] 동 짓다, 건설하다	The house is built of wood 그 집은 나무로 지었다	build build
247	**let** [let 렛] 동 ~ 놓아두다, 허락하다	Let your body relax 몸의 긴장을 풀어라	let let
248	**live** [lɪv 리브] 동 살다, 거주하다	to live in a house 주택에 살다	live live
249	**love** [lʌv 러브] 동 사랑하다	love of your country 나라에 대한 사랑	love love
250	**set** [set 셋] 동 (특정한 위치에) 놓다	set a glass on a table 유리잔을 테이블 위에 놓다	set set

251	**receive** [rɪˈsiːv 리시브] 통 받다, 받아들이다	to receive a letter 편지를 받다	receive receive
252	**develop** [dɪˈveləp 디벨럽] 통 성장하다, 개발하다	develop one's business 사업을 확장하다	develop develop
253	**change** [tʃeɪndʒ 체인지] 통 변하다, 달라지다	change one's habits 습관을 고치다	change change
254	**continue** [kənˈtɪnjuː 컨티뉴우] 통 계속되다	continue working for a long time 오랫동안 일을 계속하다	continue continue
255	**lead** [liːd 리드] 통 안내하다	lead a person by the hand 손을 잡고 사람을 이끌다	lead lead
256	**play** [pleɪ 플레이] 통 놀다, 게임을 하다	Let's play a different game 우리 다른 놀이를 하자	play play
257	**begin** [bɪˈgɪn 비긴] 통 시작하다	Shall I begin? 시작할까요?	begin begin
258	**hold** [hoʊld 홀드] 통 잡고 있다, 쥐고 있다	I held the mouse by its tail 나는 그 쥐꼬리를 잡고 있었다	hold hold
259	**support** [səˈpɔːrt 서퍼트] 통 지지하다	to support a proposal 제안을 지지하다	support support
260	**believe** [bɪˈliːv 빌리브] 통 믿다	I do believe you're right 난 네 말이 옳다고 진짜 믿어	believe believe

261	**move** [mu:v 무브] 통 움직이다, 옮기다	Don't move your hand 손을 움직이지 마라	move move
262	**happen** [hæpən 해픈] 통 발생하다, 벌어지다	Accidents will happen 사고는 일어나게 마련이다	happen happen
263	**base** [beɪs 베이스] 통 ~의 근거지, 기지	they returned to base 그들은 기지로 돌아왔다	base base
264	**understand** [ʌndərstænd 언더스텐드] 통 이해하다, 알아든다	I can't understand it 나는 이해가 안 돼	understand understand
265	**buy** [baɪ 바이] 통 사다, 구입하다	buy a pencil for 500₩ 연필을 500원에 사다	buy buy
266	**grow** [groʊ 그로우] 통 커지다, 증가하다	to grow bigger 몸이 더 커졌다	grow grow
267	**turn** [tɜ:rn 턴] 통 돌리다, 돌다	Turn the lights on 불을 켜시오	turn turn
268	**meet** [mi:t 미트] 통 만나다	Pleased to meet you 만나서 반가워요	meet meet
269	**spend** [spend 스펜드] 통 쓰다, 보내다	to spend time 시간을 보내다	spend spend
270	**share** [ʃer 셰어] 통 함께하다, 공유하다	I share wi-fi 와이파이 공유하다	share share

271	**hear** [hɪr 히어] 통 듣다, 들리다	I can't hear very well 나는 잘 안 들린다	hear hear
272	**talk** [tɔːk 톡크] 통 말하다, 이야기하다	They talk French together 그들은 함께 프랑스어로 말한다	talk talk
273	**send** [send 샌드] 통 보내다	to send a letter 편지를 보내다	send send
274	**choose** [tʃuːz 츄스] 통 선택하다, 고르다	We chose to go by train 우리는 기차로 가기로 정했다	choose choose
275	**serve** [sɜːrv 서어브] 통 제공하다	serve a customer 손님 접대를 하다	serve serve
276	**lose** [luːz 루즈] 통 잃어버리다, 분실하다	I've lost my keys 내가 열쇠를 잃어버렸어	lose lose
277	**expect** [ɪkˈspekt 익스펙트] 통 예상하다, 기대하다	to expect a visit 방문을 기대하다	expect expect
278	**enjoy** [ɪnˈdʒɔɪ 앤조이] 통 즐기다	enjoy one's dinner 즐겁게 식사를 하다	enjoy enjoy
279	**decide** [dɪˈsaɪd 디사이드] 통 결정하다	It's up to you to decide 결정은 너에게 달렸어	decide decide
280	**focus** [foʊkəs 포커스] 통 집중하다	focus one's attention on~ ~에 주의를 집중시키다	focus focus

A

다음 영어단어는 우리말로, 우리말은 영어단어로 쓰세요.

1. like _____

2. live _____

3. leave _____

4. turn _____

5. lose _____

6. ~처럼 보이다 _____

7. (특정 위치에) 놓다 _____

8. 발생하다, 벌어지다 _____

9. 집중하다 _____

10. 시작하다 _____

B

우리말을 참고하여 빈칸에 들어갈 단어를 찾아 쓰세요.

1. hit and _____ 치고 달리기를 하다.

2. _____ of your country 나라에 대한 사랑

3. _____ your body relax 몸의 긴장을 풀어라

4. _____ working for a long time 오랫동안 일을 계속하다

5. _____ one's habits 습관을 고치다

6. I _____ the mouse by its tail 나는 그 쥐꼬리를 잡고 있었다

7. I do _____ you're right 난 네 말이 옳다고 진짜 믿어

8. they returned to _____ 그들은 기지로 돌아왔다

9. We _____ to go by train 우리는 기차로 가기로 정했다

10. _____ a person by the hand 손을 잡고 사람을 이끌다

chose
let
base
continue
believe
run
lead
change
love
held

C 주어진 문장에 맞는 단어를 보기에서 찾아 문장을 완성하세요.

❶ to _____ cash 지불하다

❷ to _____ bigger 커지다

❸ It's up to you to _____ 결정하다

❹ to _____ a letter 받다, 받아들이다

❺ _____ one's business 성장하다, 확장하다

❻ Let's _____ a different game 놀다

❼ to _____ a proposal 지지하다

❽ Don't _____ your hand 움직이다

❾ I can't _____ it 이해하다, 알아듣다

❿ _____ a customer 제공하다

understand
decide
move
receive
support
pay
serve
develop
grow
play

D 주어진 해석에 맞는 영어단어로 퍼즐을 완성하세요.

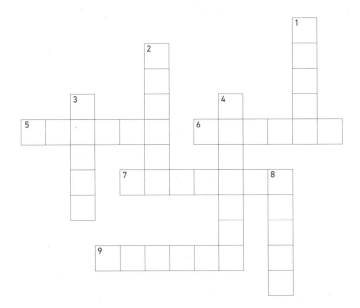

Across

5. 발생하다, 벌어지다
6. 결정하다
7. 받다, 받아들이다
9. 선택하다, 고르다

Down

1. 짓다, 건설하다
2. 변하다, 달라지다
3. 쓰다, 보내다
4. 믿다
8. 즐기다

281	**sell** [sel 셀] 통 팔다, 매각하다	to sell insurance 보험 상품을 팔다	sell sell
282	**apply** [əˈplaɪ 어플라이]] 통 신청하다, 지원하다	to apply to a company 회사에 지원하다	apply apply
283	**speak** [spiːk 스픽] 통 이야기하다	Please speak more slowly 좀 더 천천히 말씀해 주세요	speak speak
284	**appear** [əˈpɪr 어피어] 통 ~인 것 같다	She appears to have been rich 그녀는 부자였던 것 같다	appear appear
285	**post** [poʊst 포우스트] 통 우체통에 넣다	Could you post this letter for me? 내 대신 이 편지 좀 부쳐 주겠니?	post post
286	**remain** [rɪˈmeɪn 리메인] 통 남다	remain abroad 외국에 체류하다	remain remain
287	**design** [dɪˈzaɪn 디자인] 통 디자인하다, 설계하다	to design a car 자동차를 디자인하다	design design
288	**hope** [hoʊp 홉프] 통 바라다, 희망하다	We're still hoping 아직 희망을 버리지 않았다	hope hope
289	**join** [dʒɔɪn 조인] 통 연결하다	Will you join us for lunch? 우리랑 점심 함께 할래요?	join join
290	**stop** [stɑːp 스탑] 통 멈추다, 서다	stop working 일을 멈추다	stop stop

291	**cover** [kʌvə(r) 커어버] 통 덮다	cover a wall with paper 벽에 벽지를 바르다	cover cover
292	**accord** [əˈkɔːrd 어코어드] 통 부합하다	accord due praise 마땅한 칭찬을 하다	accord accord
293	**remember** [rɪˈmembə(r) 리멤버] 통 기억하다	Do you remember her? 그녀가 기억나세요?	remember remember
294	**save** [seɪv 세이브] 통 구하다	save a person from drowning 물에 빠진 사람을 구하다	save save
295	**watch** [wɑːtʃ 와치] 통 지켜보다	to watch television 텔레비전을 보다	watch watch
296	**check** [tʃek 체크] 통 살피다, 알아보다	check a person's statements 다른 사람의 진술을 확인하다	check check
297	**reach** [riːtʃ 리치] 통 ~에 이르다	reach one's destination 목적지에 닿다	reach reach
298	**pass** [pæs 패스] 통 지나가다, 통과하다	pass along a street 길을 지나가다	pass pass
299	**visit** [vɪzɪt 비지트] 통 방문하다	visit a museum 박물관에 가다	visit visit
300	**open** [oʊpən 오픈] 통 열다	welcome with open arms 두 팔을 벌리고 환영하다	open open

301	**report** [rɪˈpɔːrt 리포트] 통 알리다, 보도하다	report the accident to the police 경찰에 그 사건을 알리다	report report
302	**drive** [draɪv 드라이브] 통 운전하다	Can you drive? 운전할 줄 아니?	drive drive
303	**agree** [əˈgriː 어그리] 통 동의하다	I agree 나는 동의합니다	agree agree
304	**publish** [pʌblɪʃ 퍼브리쉬] 통 출판하다	We don't publish it 출판을 하지 않았다	publish publish
305	**present** [prɪˈzent 프리젠트] 통 주다, 수여하다	Bring Rina a present 리나에게 줄 선물을 가지고 와	present present
306	**eat** [iːt 잇트] 통 먹다	I don't eat meat 나는 고기를 안 먹는다	eat eat
307	**raise** [reɪz 레이스] 통 들어 올리다	raise water from a well 우물에서 물을 길어 올리다	raise raise
308	**end** [end 앤드] 통 끝내다	the end of a story 이야기가 끝을 내다	end end
309	**contain** [kənˈteɪn 컨테인] 통 ~이 들어있다	Does it contain caffeine? 카페인이 들어가 있나요?	contain contain
310	**stay** [steɪ 스테이] 동사 계속 있다, 머무르다	Stay there and don't move! 움직이지 말고 그 자리에 있어!	stay stay

311	**please** [pliːz 플리스] 통 기쁘게 하다, ~ 하고 싶다	be anxious to please 호감을 사려고 애쓰다	please please
312	**win** [wɪn 윈] 통 이기다	to win an election 선거에서 이기다	win win
313	**explain** [ɪkˈspleɪn 익스플레인] 통 설명하다	Explain why you were late 지각한 이유를 말해 보세요	explain explain
314	**wait** [weɪt 웨이트] 통 기다리다	Wait for me! 날 기다려줘!	wait wait
315	**break** [breɪk 브렉크] 통 깨어지다, 부서지다	to break a cup 컵을 깨다	break break
316	**discuss** [dɪˈskʌs 디스커스] 통 논의하다, 상의하다	discuss what to do 무엇을 할지 논의하다	discuss discuss
317	**plan** [plæn 플랜] 통 계획하다	to plan a trip 여행 계획을 세우다	plan plan
318	**return** [rɪˈtɜːrn 리턴] 통 돌아오다	return the way one came 온 길을 되돌아가다	return return
319	**suggest** [sədʒest 서제스트] 통 제안하다	Can you suggest a good dictionary? 좋은 사전 하나 추천해 주시겠어요?	suggest suggest
320	**seek** [siːk 시크] 통 구하다, 찾다	seek to find an answer 정답을 찾으려고 애쓰다	seek seek

A 다음 영어단어는 우리말로, 우리말은 영어단어로 쓰세요.

1. speak _____
2. hope _____
3. sell _____
4. raise _____
5. discuss _____
6. 우체통에 넣다 _____
7. 멈추다, 서다 _____
8. 운전하다 _____
9. 구하다, 찾다 _____
10. ~에 이르다 _____

B 우리말을 참고하여 빈칸에 들어갈 단어를 찾아 쓰세요.

1. to _____ to a company 회사에 지원하다
2. Will you _____ us for lunch? 우리랑 점심 함께 할래요?
3. to _____ a car 자동차를 디자인하다
4. _____ a person from drowning 물에 빠진 사람을 구하다
5. Do you _____ her? 그녀가 기억나세요?
6. to _____ television 텔레비전을 보다
7. _____ along a street 길을 지나가다
8. welcome with _____ arms 두 팔을 벌리고 환영하다
9. I _____ 나는 동의합니다
10. _____ for me! 날 기다려줘!

agree

design

open

save

pass

apply

wait

remember

join

watch

C 주어진 문장에 맞는 단어를 보기에서 찾아 문장을 완성하세요.

① She _____ to have been rich ~인 것 같다

② I don't _____ meat 먹다

③ Can you _____ a good dictionary? 제안하다

④ _____ a wall with paper 덮다

⑤ _____ due praise 부합하다

⑥ _____ the accident to the police 알리다, 보도하다

⑦ We don't _____ it 출판하다

⑧ _____ a person's statements 살피다, 알아보다

⑨ to _____ a cup 깨어지다, 부서지다

⑩ _____ a museum 방문하다

break
suggest
check
cover
publish
appears
visit
accord
eat
report

D 주어진 해석에 맞는 영어단어로 퍼즐을 완성하세요.

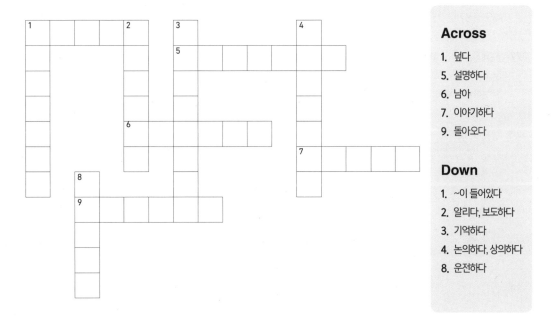

Across

1. 덮다
5. 설명하다
6. 남아
7. 이야기하다
9. 돌아오다

Down

1. ~이 들어있다
2. 알리다, 보도하다
3. 기억하다
4. 논의하다, 상의하다
8. 운전하다

321	**thank** [θæŋk 쌩크] 동 감사하다	Thank you for your letter 편지 감사합니다	thank thank
322	**stand** [stænd 스탠드] 동 서다, 서있다	stand straight 똑바로 서다	stand stand
323	**protect** [prəˈtekt 프로텍트] 동 보호하다	protect a person from danger ~을 위험으로부터 보호하다	protect protect
324	**sit** [sɪt 시트] 동 앉다	May I sit here? 여기 앉아도 될까요?	sit sit
325	**deliver** [dɪˈlɪvə(r) 딜리버] 동 배달하다	deliver a package 소포를 배달하다	deliver deliver
326	**relate** [rɪˈleɪt 릴레이트] 동 관련시키다	relate facts to events 사실을 사건에 관련시키다	relate relate
327	**fall** [fɔːl 폴] 동 떨어지다, 빠지다	The snow falls fast 눈이 펑펑 쏟아진다	fall fall
328	**carry** [kæri 캐리] 동 들고 있다, 나르다	carry a child in one's arms 아이를 안고 가다	carry carry
329	**teach** [tiːtʃ 티치] 동 가르치다	He teaches them English 그는 그들에게 영어를 가르친다	teach teach
330	**place** [pleɪs 플레이스] 동 넣다, 설치하다	place books on the desk 책을 책상 위에 놓다	place place

331	**enter** [entə(r) 앤터] 동 들어가다	to enter the Church 성직자가 되다	enter enter
332	**walk** [wɔːk 워크] 동 걷다, 걸어가다	walk up and down the room 방 안을 왔다 갔다 하다	walk walk
333	**face** [feɪs 페이스] 동 향하다	Most of the rooms face the sea 방들은 대부분이 바다를 향하고 있다	face face
334	**remove** [rɪˈmuːv 리무브] 동 치우다	remove dishes 접시를 치우다	remove remove
335	**note** [noʊt 노우트] 동 ~에 주목하다	Please note the fact 그 사실을 주의해서 보아 주세요	note note
336	**release** [rɪˈliːs 릴리스] 동 풀어주다, 석방하다	to release a prisoner 죄수를 석방하다	release release
337	**achieve** [əˈtʃiːv 어치이브] 동 달성하다, 성취하다	achieve victory 승리를 얻다	achieve achieve
338	**cut** [kʌt 컷트] 동 베다, 자르다	He cut himself shaving 그는 면도하다가 베였다.	cut cut
339	**exist** [ɪgˈzɪst 이그지스트] 동사 존재하다, 현존하다	Salt exists in the sea 소금은 바닷물 존재 한다	exist exist
340	**prepare** [prɪper 프리페어] 동 준비하다	to prepare a report 보고서를 준비하다	prepare prepare

341	**address** [əˈdres 어드레스] 통 연설하다	to address a meeting 회의 때 연설하다	address address
342	**pick** [pɪk 픽] 통 고르다, 선택하다	Please pick me 저를 뽑아 주세요	pick pick
343	**connect** [kəˈnekt 커넥트] 통 잇다, 연결하다	connect two towns by a railroad 두 도시를 철도로 연결하다	connect connect
344	**mention** [menʃn 맨션] 통 말하다, 언급하다	mention a single example 하나의 예를 들다	mention mention
345	**operate** [ɑ:pəreɪt 아퍼레잇] 통 작동하다, 관리하다	operate a hotel 호텔을 경영하다	operate operate
346	**promote** [prəmout 프로모트] 통 홍보하다, 촉진하다	promote digestion 소화를 촉진하다	promote promote
347	**accept** [əkˈsept 억셉트] 통 받아들이다	accept an apology 사과를 받아들이다	accept accept
348	**affect** [əˈfekt 어펙트] 통 영향을 미치다	It had a good affect 좋은 영향을 주었다	affect affect
349	**avoid** [əˈvɔɪd 어보이드] 통 방지하다, 막다	No one can avoid fate 아무도 운명을 피할 수 없다	avoid avoid
350	**compare** [kəmper 컴페어] 통 ~과 ~을 비교하다	compare German with English 독일어를 영어와 비교하다	compare compare

351	**fill** [fɪl 필] 동 채우다	to fill a vacuum 빈 곳을 메우다	fill fill
352	**fail** [feɪl 페일] 동 실패하다	fail in the exam 시험을 망치다	fail fail
353	**kill** [kɪl 킬] 동 죽이다	kill a person's hopes 남의 희망을 앗아가다	kill kill
354	**wish** [wɪʃ 위시] 동 원하다, 바라다	I wish I was taller 나는 키가 더 컸으면 좋겠다	wish wish
355	**miss** [mɪs 미스] 동 놓치다, 지나치다	to miss a turn (게임에서) 차례를 놓치다	miss miss
356	**depend** [dipénd 디펜드] 동 의존하다, 의지하다	depend on the weather 날씨에 달려 있다	depend depend
357	**sign** [saɪn 사인] 동 서명하다, 조인하다	Sign your name here, please 여기에 서명을 해 주십시오	sign sign
358	**occur** [əˈkɜː(r) 어코어] 동 일어나다 발생하다	This must not occur again 이런 일은 두번 다시 있어서는 안된다	occur occur
359	**die** [daɪ 다이] 동 죽다, 사망하다	How did he die? 그는 어떻게 죽었죠?	die die
360	**draw** [drɔː 드로우] 동 그리다	to draw a picture 그림을 그리다	draw draw

A 다음 영어단어는 우리말로, 우리말은 영어단어로 쓰세요.

1. protect _____
2. carry _____
3. thank _____
4. accept _____
5. depend _____
6. 배달하다 _____
7. 넣다, 설치하다 _____
8. 고르다, 선택하다 _____
9. 그리다 _____
10. 달성하다, 성취하다 _____

B 우리말을 참고하여 빈칸에 들어갈 단어를 찾아 쓰세요.

1. _____ straight 똑바로 서다
2. He _____ them English 그는 그들에게 영어를 가르친다
3. The snow _____ fast 눈이 펑펑 쏟아진다
4. _____ dishes 접시를 치우다
5. Most of the rooms _____ the sea
   방들은 대부분이 바다를 향하고 있다
6. Please _____ the fact 그 사실을 주의해서 보아 주세요
7. He _____ himself shaving 그는 면도하다가 베였다
8. to _____ a report 보고서를 준비하다
9. _____ two towns by a railroad 두 도시를 철도로 연결하다
10. I _____ I was taller 나는 키가 더 컸으면 좋겠다

connect
falls
prepare
remove
cut
stand
wish
face
teaches
note

C 주어진 문장에 맞는 단어를 보기에서 찾아 문장을 완성하세요.

① May I _____ here? 앉다

② _____ digestion 홍보하다, 촉진하다

③ How did he _____ ? 죽다, 사망하다

④ to _____ the Church 들어가다

⑤ _____ up and down the room 걷다, 걸어가다

⑥ to _____ a prisoner 풀어주다, 석방하다

⑦ Salt _____ in the sea 존재하다, 현존하다

⑧ to _____ a meeting 연설하다

⑨ _____ a single example 말하다, 언급하다

⑩ to _____ a turn 놓치다, 지나치다

mention
die
address
enter
exists
sit
miss
walk
promote
release

D 주어진 해석에 맞는 영어단어로 퍼즐을 완성하세요.

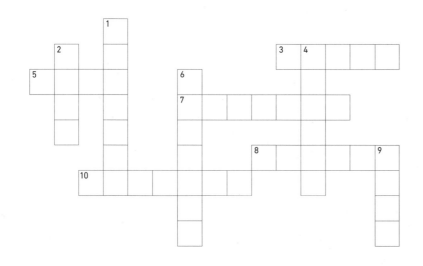

Across

3. 들고 있다, 나르다
5. 채우다
7. 잇다, 연결하다
8. 의존하다, 의지하다
10. 보호하다

Down

1. 배달하다
2. 서명하다, 조인하다
4. 받아들이다
6. 달성하다, 성취하다
9. 그리다

361	**attend** [əˈtend 어텐드] 통 참석하다	to attend a wedding 결혼식에 참석하다	attend attend
362	**realize** [riːəlaɪz 리얼라이즈] 통 알아차리다, 인식하다	realize one's own danger 자신의 위험을 깨닫다	realize realize
363	**engage** [ɪnˈɡeɪdʒ 인게이즈] 통 사로잡다, 고용하다	engage a servant 하인을 고용하다	engage engage
364	**discover** [dɪˈskʌvə(r) 디스커버] 통 발견하다	discover radium 라듐을 발견하다	discover discover
365	**define** [dɪˈfaɪn 디파인] 통 정의하다	define one's position 자기의 입장을 밝히다	define define
366	**explore** [ɪkˈsplɔː(r) 익스플로어] 통 탐사, 탐험하다	explore the Antarctic Continent 남극 대륙을 탐험하다	explore explore
367	**prevent** [prɪˈvent 프리벤트] 통 ~을 하는 것을 막다	prevent an accident 사고를 방지하다	prevent prevent
368	**bear** [ber 베어] 통 참다, 견디다	bear the pain 고통을 참다	bear bear
369	**introduce** [ìntrədjúːs 인트러듀스] 통 소개하다	introduce a person to a new sport 새로운 운동을 소개하다	introduce introduce
370	**hit** [hɪt 히트] 통 때리다	hit a ball onto the green 공을 쳐서 그린에 올리다	hit hit

371	**contact** [kɑːntækt 칸텍트] 통 연락하다	Contact through email 이메일로 연락하다	contact .... contact
372	**collect** [kəˈlekt 컬렉트] 통 모으다, 수집하다	to collect data 자료를 모으다	collect .... collect
373	**count** [kaʊnt 카운트] 통 세다, 계산하다	to count from 1 to 10 1부터 10까지 세다	count .... count
374	**cost** [kɔːst 카스트] 통 비용이 들다	How much did it cost? 그거 얼마 줬니?	cost .... cost
375	**drop** [drɑːp 드랍프] 통 떨어지다, 떨어뜨리다	The fever started to drop 열이 내리기 시작했다	drop .... drop
376	**finish** [fɪnɪʃ 피니쉬] 통 끝내다, 마치다	finish the class 수업을 마치다	finish .... finish
377	**fix** [fɪks 픽스] 통 고정시키다, 정하다	fix a poster to a wall 벽에 포스터를 붙이다	fix .... fix
378	**forget** [fərget 포겟트] 통 잊다, 잊어버리다	I wanted to forget the incident. 나는 그 사건을 잊고 싶었다	forget .... forget
379	**hate** [heɪt 헤이트] 통 몹시 싫어하다, 증오하다	I hate Monday mornings. 난 월요일 아침이 너무 싫다	hate .... hate
380	**hurt** [hɜːrt 허트] 통 다치다, 아프다	I got hurt while exercising 운동하다가 다쳤어요	hurt .... hurt

381	**hurry** [hɜːri 허리] 통 서두르다, 급히 하다	It's too late, Hurry up 늦었어, 서둘러	hurry hurry
382	**hide** [haɪd 하이드] 통 감추다, 숨다	I wanted to hide the test paper 나는 시험지를 숨기고 싶었다	hide hide
383	**jump** [dʒʌmp 점프] 통 뛰다, 점프하다	Jumped toward the sky 하늘을 향해 뛰어올랐다	jump jump
384	**laugh** [læf 래프] 통 웃다	Laugh aloud 큰 소리로 웃다	laugh laugh
385	**kick** [kɪk 킥] 통 차다, 뻗다	Don't kick me 발길질하지 마세요	kick kick
386	**relax** [rɪ'læks 릴렉스] 통 쉬다, 휴식을 취하다	I need to relax now 이제 좀 쉬어야겠어요	relax relax
387	**knock** [nɑːk 노오크] 통 두드리다, 노크하다	I heard a knock 노크 소리를 들었다	knock knock
388	**ride** [raɪd 라이드] 통 타다, 승마하다	I'm afraid of riding a horse 나는 말 타는 것을 무서워한다	ride ride
389	**swim** [swɪm 스윔] 통 수영하다, 헤엄치다	I can't swim 난 수영을 못 해	swim swim
390	**touch** [tʌtʃ 터어치] 통 건드리다. 접촉하다	Don't touch it! 만지지 마!	touch touch

391	**sing** [sɪŋ 씽] 동 노래하다, 울다	I want to sing well 노래를 잘하고 싶다	sing sing
392	**travel** [trævl 트레벌] 동 여행하다, 이동하다	I want to travel alone 혼자 여행하고 싶다	travel travel
393	**throw** [θroʊ 트로우] 동 던지다, 내던지다	Throw a towel 수건을 던지다	throw throw
394	**tie** [taɪ 타이] 동 묶다. 묶어 두다	Big dogs should be tied up 큰 개는 묶어야 한다	tie tie
395	**dash** [dæʃ 데쉬] 동 서둘러가다	I'm late, I must dash 나 늦었어, 서둘러야 해	dash dash
396	**delete** [dɪˈliːt 딜리트] 동 삭제하다	I deleted it from the list 목록에서 삭제했어요	delete delete
397	**mount** [maʊnt 마운트] 동 시작하다	to mount an exhibition 전시회를 열다	mount mount
398	**omit** [əˈmɪt 오밋트] 동 빠뜨리다, 누락시키다	It is omitted from the list 그것은 명단에서 누락되었다	omit omit
399	**perform** [pərˈfɔːrm 퍼포음] 동 행하다, 수행하다	perform a task 과제를 수행하다	perform perform
400	**pray** [preɪ 프레이] 동 기원하다, 기도하다	I'll pray for you 너를 위해 기도할께	pray pray

A 다음 영어단어는 우리말로, 우리말은 영어단어로 쓰세요.

❶ engage _____

❷ bear _____

❸ attend _____

❹ knock _____

❺ delete _____

❻ 정의하다 _____

❼ 때리다 _____

❽ 감추다, 숨다 _____

❾ 기원하다 _____

❿ 고정시키다, 정하다 _____

B 우리말을 참고하여 빈칸에 들어갈 단어를 찾아 쓰세요.

❶ _____ one's own danger 자신의 위험을 깨닫다

❷ _____ a person to a new sport 새로운 운동을 소개하다

❸ How much did it _____? 그거 얼마 줬니?

❹ _____ an accident 사고를 방지하다

❺ I got _____ while exercising 운동하다가 다쳤어요

❻ to _____ from 1 to 10 1부터 10까지 세다

❼ _____ toward the sky 하늘을 향해 뛰어올랐다

❽ The fever started to _____ 열이 내리기 시작했다

❾ Big dogs should be _____ up 큰 개는 묶어야 한다

❿ I wanted to _____ the incident 나는 그 사건을 잊고 싶었다

tied
cost
drop
prevent
Jumped
realize
forget
hurt
introduce
count

C 주어진 문장에 맞는 단어를 보기에서 찾아 문장을 완성하세요.

❶ _____ radium 발견하다

❷ I need to _____ now 쉬다, 휴식을 취하다

❸ _____ a task 행하다, 수행하다

❹ _____ through email 연락하다

❺ to _____ data 모으다, 수집하다

❻ _____ the class 끝내다, 마치다

❼ I _____ Monday mornings 싫어하다, 증오하다

❽ It's too late, _____ up 서두르다, 급히 하다

❾ _____ aloud 웃다

❿ I want to _____ alone 여행하다, 이동하다

laugh

perform

hurry

contact

hate

discover

travel

collect

relax

finish

D 주어진 해석에 맞는 영어단어로 퍼즐을 완성하세요.

Across

2. 세다, 계산하다
5. 끝내다, 마치다
7. 모으다, 수집하다
8. 쉬다, 휴식을 취하다
9. 참석하다

Down

1. 건드리다, 접촉하다
3. 여행하다, 이동하다
4. 발견하다
6. 서두르다, 급히 하다
10. 떨어지다

401	**good** [gʊd 굿] 형 즐거운, 기쁜, 좋은	It's good to see you again 다시 만나게 되어 기뻐요	good good
402	**new** [nuː 뉴우] 형 새로운	He's made a lot of new friends 그는 새 친구들을 많이 사귀었다	new new
403	**other** [ʌðə(r) 아더] 형 다른, 다른 사람	in some other place 어딘가 다른 곳에서	other other
404	**many** [meni 매니] 형 많은, 대부분	Many a man has failed 실패한 사람들이 대부분이다	many many
405	**amusing** [əˈmjuːzɪŋ 아뮤징] 형 재미있는 즐거운	an amusing story 재미있는 이야기	amusing amusing
406	**great** [greɪt 그레이트] 형 큰, 많은	a great city 대도시	great great
407	**own** [oʊn 오운] 형 소유하다	Is the car your own? 그 차가 당신 차예요?	own own
408	**few** [fjuː 퓨우] 형 많지 않은, 약간의	He has few friends 그에게는 친구가 거의 없다	few few
409	**same** [seɪm 세임] 형 같은, 동일한	at the same price 같은 가격으로	same same
410	**high** [haɪ 하이] 형 높은	high flight 고공비행	high high

411	**different** [dífrənt 디퍼런트] 혱 다른, 차이가 나는	something different 무언가 색다른 것	different different
412	**last** [læst 라스트] 혱 최후의, 맨 마지막의	the last line of the page 그 페이지의 마지막 행	last last
413	**small** [smɔːl 스몰] 혱 작은, 소규모의	a small house 작은 집	small small
414	**important** [impɔ́ːrtnt 임포턴트] 혱 중요한	an important part 중요한 부분	important important
415	**large** [lɑːrdʒ 라아지] 혱 큰, 많은	a large number of people 많은 수의 사람들	large large
416	**next** [nekst 넥스트] 혱 다음의	Who's next? 다음 분 누구세요?	next next
417	**big** [bɪg 빅] 혱 큰	a big voice 큰 목소리	big big
418	**old** [ould 오울드] 혱 나이든	an old friend of mine 나의 오랜 친구	old old
419	**social** [souʃl 소우셜] 혱 사회의	social justice 사회 정의	social social
420	**able** [eibl 에이블] 혱 할 수 있는	Will you be able to come? 너 올 수 있니?	able able

421	**little** [lɪtl 리럴] 휑 작은, 소규모의	a little village 작은 마을	little little
422	**free** [fri: 프리이] 휑 자유로운	a free country 자유국가	free free
423	**long** [lɔ:ŋ 로옹] 휑 긴	It's a long way away 그곳은 멀리 떨어져 있다	long long
424	**easy** [i:zi 이지] 휑 쉬운, 수월한	an easy exam 쉬운 시험	easy easy
425	**local** [loʊkl 로커얼] 휑 지역의, 현지의	a local newspaper 지역 신문	local local
426	**online** [ɑ:nlaɪn 온라인] 휑 온라인의	an online bookstore 온라인 서점	online online
427	**several** [sevrəl 쎄벌] 휑 각각의	They went their several ways 그들은 각자의 길을 갔다	several several
428	**full** [fʊl 푸울] 휑 가득한	fill one's glass full 컵을 가득 채우다	full full
429	**real** [ri:əl 리얼] 휑 진짜의, 현실적인	Are those real flowers? 저 꽃들은 진짜 꽃인가요?	real real
430	**sure** [ʃʊr 슈얼] 휑 확신히	She is sure to come 그녀는 꼭 온다	sure sure

431	**public** [pʌblɪk 퍼브릭] 형 대중의, 일반인의	a public library 공공 도서관	public
			public
432	**possible** [pɑːsəbl 파서벌] 형 가능한	a possible accident 일어날지도 모르는 사고	possible
			possible
433	**bad** [bæd 배드] 형 안좋은, 나쁜	bad conditions 나쁜 환경	bad
			bad
434	**personal** [pɜːrsənl 퍼서널] 형 개인의	a personal opinion 사적인 의견	personal
			personal
435	**late** [leɪt 레이트] 형 늦은	in the late afternoon 늦은 오후에	late
			late
436	**low** [loʊ 로우] 형 낮은, 아랫부분의	Throw the ball low 공을 낮게 던져라	low
			low
437	**young** [jʌŋ 영] 형 어린, 젊은	The players are young 선수들이 젊다	young
			young
438	**hard** [hɑːrd 하드] 형 단단한, 굳은	a hard mattress 딱딱한 매트리스	hard
			hard
439	**current** [kɜːrənt 커렌트] 형 현재의, 지금의	current topics 오늘의 화제	current
			current
440	**only** [oʊnli 오니] 형 유일한, 오직 ~만의	an only son 외아들	only
			only

A 다음 영어단어는 우리말로, 우리말은 영어단어로 쓰세요.

1. other _____
2. few _____
3. good _____
4. several _____
5. low _____
6. 재미있는, 즐거운 _____
7. 높은 _____
8. 자유로운 _____
9. 유일한, 오직 _____
10. 큰 _____

B 우리말을 참고하여 빈칸에 들어갈 단어를 찾아 쓰세요.

1. He's made a lot of _____ friends
   그는 새 친구들을 많이 사귀었다

2. at the _____ price 같은 가격으로

3. Is the car your _____? 그 차가 당신 차예요?

4. an _____ part 중요한 부분

5. a _____ house 작은 집

6. a _____ number of people 많은 수의 사람들

7. an _____ friend of mine 나의 오랜 친구

8. Will you be _____ to come? 너 올 수 있니?

9. It's a _____ way away 그곳은 멀리 떨어져 있다

10. a _____ opinion 사적인 의견

| large |
| same |
| small |
| personal |
| new |
| old |
| important |
| able |
| own |
| long |

C 주어진 문장에 맞는 단어를 보기에서 찾아 문장을 완성하세요.

❶ _____ a man has failed 많은, 대부분

❷ an _____ bookstore 온라인

❸ _____ topics 현재의, 지금의

❹ something _____ 다른, 차이가 나는

❺ the _____ line of the page 최후의, 맨 마지막의

❻ Who's _____? 다음의

❼ _____ justice 사회의

❽ a _____ village 작은, 소규모의

❾ an _____ exam 쉬운, 수월한

❿ in the _____ afternoon 늦은

next
online
last
late
many
social
different
little
current
easy

D 주어진 해석에 맞는 영어단어로 퍼즐을 완성하세요.

Across

2. 재미있는 즐거운
5. 가능한
6. 작은, 소규모의
7. 대중의, 일반인의
8. 늦은
9. 어린, 젊은

Down

1. 다른, 차이가 나는
3. 큰, 많은
4. 사회의
8. 큰, 많은

441	**right** [raɪt 라이트] 형 옳은, 올바른	Always do what is right. 항상 옳은 일을 해야한다	right right
442	**early** [ɜːrli 얼리] 형 이른, 조기의	the early morning 이른 아침	early early
443	**special** [speʃl 스페셜] 형 특수한, 특별한	a special case 특별한 경우	special special
444	**second** [sékənd] 형 제2의, 둘째	for the second time 두 번째로	second second
445	**simple** [sɪmpl 심플] 형 간단한, 단순한	a simple method 간단한 방법	simple simple
446	**major** [meɪdʒə(r) 메이저] 형 중요한, 주요한	a major question 중요한 문제	major major
447	**human** [hjuːmən 휴먼] 형 인간의, 인간적인	a human voice 사람의 목소리	human human
448	**short** [ʃɔːrt 숏트] 형 짧은, 키 작은	short hair 짧은 머리	short short
449	**strong** [strɔːŋ 스트롱] 형 튼튼한, 강한	a strong magnet 강한 자석	strong strong
450	**open** [oʊpən 오픈] 형 열려 있는	push a door open 문을 밀어 열다	open open

451	**true** [truː 트루] 혱 진짜의, 사실인	Is this true? 이거 사실이야?	true true
452	**whole** [hoʊl 호울] 혱 전체의, 모든	the whole time 시간 내내	whole whole
453	**due** [duː 듀] 혱 ~로 인한, ~때문	in due time 때가 와서	due due
454	**common** [kɑːmən 커먼] 혱 흔한, 공동의	a common language 공통의 언어	common common
455	**top** [tɑːp 탑] 혱 맨 위의, 꼭대기의	We're at the top 우리는 꼭대기에 있어요	top top
456	**past** [pæst 파스트] 혱 지나간, 지난	in past years 지나간 세월에	past past
457	**various** [veriəs 베리어스] 혱 여러 가지의, 각양각색의	a man of various talent 다재다능한 사람	various various
458	**certain** [sɜːrtn 서틴] 혱 확실한, 틀림없는	a certain fact 틀림없는 사실	certain certain
459	**recent** [riːsnt 리센트] 혱 최근의	a recent discovery 최근 발견	recent recent
460	**single** [sɪŋgl 싱글] 혱 단 하나의, 단일의	a single bed 1인용 침대	single single

461	**clear**	a clear sky	clear
	[klɪr 클리어]	맑게 갠 하늘	clear
	형 알아듣기 쉬운, 분명한		

462	**specific**	to be specific	specific
	[spəˈsɪfɪk 스퍼시픽]	확실히 말하면	specific
	형 구체적인, 명확한		

463	**happy**	a happy smile	happy
	[hæpi 해피]	행복한 미소	happy
	형 행복한		

464	**main**	the main course	main
	[meɪn 메인]	주 요리	main
	형 가장 큰, 주된		

465	**similar**	Your opinion is similar to mine	similar
	[sɪmələ(r) 시멀러]	자네의 의견은 나와 비슷하다	similar
	형 비슷한		

466	**interesting**	an interesting question	interesting
	[ɪntrəstɪŋ 인터레스팅]	흥미로운 질문	interesting
	형 재미있는, 흥미로운		

467	**natural**	the natural world	natural
	[nætʃrəl 네츄럴]	자연계	natural
	형 자연의, 정상적인		

468	**national**	a national election	national
	[næʃnəl 내셔널]	전국 단위의 선거	national
	형 국가의, 전국적인		

469	**private**	one's private life	private
	[praɪvət 프라이빗]	사생활	private
	형 사유의, 개인 소유의		

470	**difficult**	a difficult problem	difficult
	[dɪfɪkəlt 디피컬트]	어려운 문제	difficult
	형 어려운, 힘든		

471	**international** [ɪntərnæʃnəl 인터내셔널] 톙 국제적인	an international airport 국제공항	international international
472	**effective** [ɪˈfektɪv 이펙티브] 톙 효과적인, 실질적인	effective teaching methods 효과적인 교수법	effective effective
473	**unique** [juˈniːk 유닉크] 톙 유일무이한, 독특한	a unique talent 특별한 재능	unique unique
474	**professional** [prəˈfeʃnl 프러페셔널] 톙 전문적인, 전문가의	a professional actor 전문 배우	professional professional
475	**perfect** [pɜːfɪkt 퍼펙트] 톙 완벽한, 완전한	in perfect condition 완벽한 조건에서	perfect perfect
476	**economic** [iːkənɑːmɪk 이코너믹] 톙 경제의, 경제성이 있는	economic growth 경제 성장	economic economic
477	**additional** [əˈdɪʃənl 애디셔널] 톙 추가의	an additional charge 할증료	additional additional
478	**mobile** [moʊbl 모벌] 톙 이동하는, 이동식의	Mobile bathroom 이동식 화장실	mobile mobile
479	**original** [əˈrɪdʒənl 오리지널] 톙 원래의, 독창적인	an original idea 독창적인 생각	original original
480	**nice** [naɪs 나이스] 톙 좋은, 즐거운	nice weather 좋은 날씨	nice nice

A 다음 영어단어는 우리말로, 우리말은 영어단어로 쓰세요.

① special _____

② short _____

③ right _____

④ natural _____

⑤ economic _____

⑥ 간단한, 단순한 _____

⑦ 열려 있는 _____

⑧ 구체적인, 명확한 _____

⑨ 좋은, 즐거운 _____

⑩ 여러 가지의, 각양각색의 _____

B 우리말을 참고하여 빈칸에 들어갈 단어를 찾아 쓰세요.

① the _____ morning 이른 아침

② a _____ magnet 강한 자석

③ a _____ voice 사람의 목소리

④ a _____ language 공통의 언어

⑤ We're at the _____ 우리는 꼭대기에 있어요

⑥ a _____ bed 1인용 침대

⑦ in _____ time 때가 와서

⑧ a _____ smile 행복한 미소

⑨ a _____ fact 틀림없는 사실

⑩ a _____ actor 전문 배우

single

strong

top

professional

early

due

common

happy

human

certain

C   주어진 문장에 맞는 단어를 보기에서 찾아 문장을 완성하세요.

❶ for the _____ time 제2의, 둘째

❷ an _____ question 재미있는, 흥미로운

❸ an _____ idea 원래의, 독창적인

❹ Is this _____? 진짜의, 사실의

❺ the _____ time 전체의, 모든

❻ in _____ years 지나간, 지난

❼ a _____ discovery 최근의

❽ a _____ sky 쉬운, 분명한, 맑은

❾ the _____ course 가장 큰, 주된

❿ in _____ condition 완벽한, 완전한

past
interesting
whole
perfect
second
recent
true
clear
original
main

D   주어진 해석에 맞는 영어단어로 퍼즐을 완성하세요.

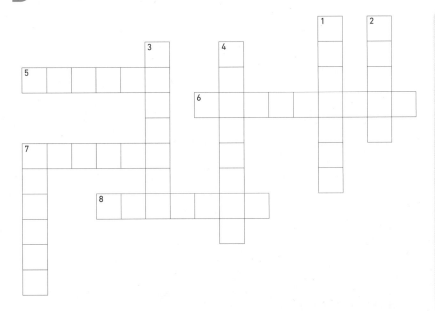

Across

5. 하나의, 단일의
6. 어려운, 힘든
7. 간단한, 단순한
8. 자연의

Down

1. 특수한, 특별한
2. 이른, 조기의
3. 완벽한, 완전한
4. 원래의, 독창적인
7. 튼튼한, 강한

77

| 481 | **medical**
[medɪkl 메디컬]
형 의학의, 내과의 | **a medical student**
의대생 | medical
medical |

| 482 | **entire**
[ɪnˈtaɪə(r) 인타이어]
형 전체의, 온 | **entire confidence**
전폭적인 지지 | entire
entire |

| 483 | **likely**
[laɪkli 라익클리]
형 ~할 것 같은, 그럴듯한 | **It is likely to rain**
비가 올 것 같다 | likely
likely |

| 484 | **necessary**
[nesəseri 네서설리]
형 필요한, 필연적인 | **a necessary truth**
필연적인 진리 | necessary
necessary |

| 485 | **general**
[dʒenrəl 제너럴]
형 일반적인, 보통의 | **the general reader**
일반 독자 | general
general |

| 486 | **global**
[gloʊbl 글로벌]
형 세계적인, 지구의 | **global issues**
세계적인 쟁점들 | global
global |

| 487 | **popular**
[pɑːpjələ(r) 파플러어]
형 인기 있는, 대중적인 | **popular opinion**
여론 | popular
popular |

| 488 | **beautiful**
[bjuːtɪfl 뷰티풀]
형 아름다운, 멋진 | **a beautiful flower**
아름다운 꽃 | beautiful
beautiful |

| 489 | **successful**
[səkˈsesfl 석세스펄]
형 성공한, 성공적인 | **a successful actor**
성공한 배우 | successful
successful |

| 490 | **wrong**
[rɔːŋ 렁]
형 틀린, 잘못된 | **a wrong answer**
틀린 답 | wrong
wrong |

491	**legal** [li:gl 리걸] 휑 법률과 관련된	to take legal advice 법률적 자문을 받다	legal legal
492	**final** [faɪnl 파이널] 휑 마지막의, 최종적인	the final round 결승	final final
493	**white** [waɪt 와잇트] 휑 흰, 흰색의	a white Christmas 눈이 내리는 크리스마스	white white
494	**ready** [redi 레디] 휑 준비가 된	Are you nearly ready? 준비 거의 됐나요?	ready ready
495	**huge** [hju:dʒ 휴우즈] 휑 막대한, 거대한	a huge crowd 엄청난 수의 군중	huge huge
496	**interested** [ɪntrəstɪd 인터레스티트] 휑 관심 있는	an interested look 흥미 있어 하는 표정	interested interested
497	**wide** [waɪd 와이드] 휑 넓은, 너른	a wide river 넓은 강	wide wide
498	**former** [fɔːrmə(r) 포어머] 휑 예전의, 과거의	in former times 옛날에는	former former
499	**safe** [seɪf 세이프] 휑 안전한, 위험하지 않은	God keep you safe! 부디 안전하세요!	safe safe
500	**traditional** [trəˈdɪʃənl 트레디셔널] 휑 전통의, 전통적인	traditional dress 전통 복장	traditional traditional

501	**amazing** [əˈmeɪzɪŋ 어메이징] 혱 놀라운	an amazing discovery 놀라운 발견	amazing amazing
502	**future** [fjuːtʃə(r) 퓨쳐] 혱 미래의, 향후의	future generations 미래 세대	future future
503	**close** [kloʊs 클로우즈] 혱 가까운, ~할 것 같은	a close friend 친한 친구	close close
504	**complete** [kəmˈpliːt 컴플릿트] 혱 가능한 최대의, 완벽한	a complete failure 완패	complete complete
505	**physical** [fɪzɪkl 피지컬] 혱 육체의, 물질의	be in good physical condition 몸의 컨디션이 좋다	physical physical
506	**positive** [pɑːzətɪv 파스티브] 혱 긍정적인	a positive answer 긍정적인 답변	positive positive
507	**basic** [beɪsɪk 베이직] 혱 기본적인, 기초적인	basic information 기본적인 정보	basic basic
508	**black** [blæk 블랙] 혱 검은, 어두운	a black night 캄캄한 밤	black black
509	**deep** [diːp 딥] 혱 깊은	a deep space 깊은 공간	deep deep
510	**useful** [juːsfl 유스펄] 혱 유용한, 도움이 되는	Bees are very useful to us 꿀벌은 우리에게 매우 유익하다	useful useful

511	**digital** [dɪdʒɪtl 디지털] 휑 디지털을 쓰는	a digital camera 디지털 카메라	digital digital
512	**regular** [reɡjələ(r) 레귤러] 휑 규칙적인, 정기적인	a regular pulse 규칙적인 맥박	regular regular
513	**hot** [hɑːt 핫트] 휑 더운, 뜨거운	a hot dry summer 덥고 건조한 여름	hot hot
514	**serious** [sɪriəs 시리어스] 휑 심각한, 진지한	a serious look 심각한 얼굴	serious serious
515	**previous** [priːviəs 프리비어스] 휑 이전의, 바로 앞의	a previous engagement 선약	previous previous
516	**extra** [ekstrə 엑스트라] 휑 추가의	extra cost 추가 비용	extra extra
517	**multiple** [mʌltɪpl 멀티펄] 휑 많은, 다수의	a multiple entry visa 복수 입국 여권	multiple multiple
518	**excellent** [eksələnt 엑설런트] 휑 훌륭한, 탁월한	an excellent meal 훌륭한 식사	excellent excellent
519	**responsible** [rɪspɑːnsəbl 리스판서벌] 휑 ~책임지고 ~원인이 되는	a responsible post 책임 있는 지위	responsible responsible
520	**wonderful** [wʌndərfl 원더어펄] 휑 아주 멋진, 신나는	a wonderful surprise 신나고도 놀라운 일	wonderful wonderful

A

다음 영어단어는 우리말로, 우리말은 영어단어로 쓰세요.

1. likely _____
2. beautiful _____
3. medical _____
4. basic _____
5. extra _____
6. 일반적인, 보통의 _____
7. 법률과 관련된 _____
8. 가까운 _____
9. 아주 멋진, 신나는 _____
10. 넓은, 너른 _____

B

우리말을 참고하여 빈칸에 들어갈 단어를 찾아 쓰세요.

1. _____ confidence 전폭적인 지지
2. a _____ actor 성공한 배우
3. _____ opinion 여론
4. Are you _____ ready? 준비 거의 됐나요?
5. a _____ Christmas 눈이 내리는 크리스마스
6. a _____ crowd 엄청난 수의 군중
7. in _____ times 옛날에는
8. _____ dress 전통 복장
9. a _____ friend 친한 친구
10. a _____ look 심각한 얼굴

huge

successful

white

serious

entire

former

nearly

traditional

popular

close

C 주어진 문장에 맞는 단어를 보기에서 찾아 문장을 완성하세요.

① a _____ truth 필요한, 필연적인

② to take _____ advice 법률과 관련된

③ a _____ answer 긍정적인

④ an _____ discovery 놀라운

⑤ a _____ post ~책임지고

⑥ a _____ dry summer 더운, 뜨거운

⑦ Bees are very _____ to us 유용한, 도움이 되는

⑧ an _____ look 관심 있는

⑨ a _____ failure 가능한, 최대의

⑩ the _____ round 마지막의, 최종적인

hot
legal
responsible
final
necessary
useful
amazing
interested
positive
complete

D 주어진 해석에 맞는 영어단어로 퍼즐을 완성하세요.

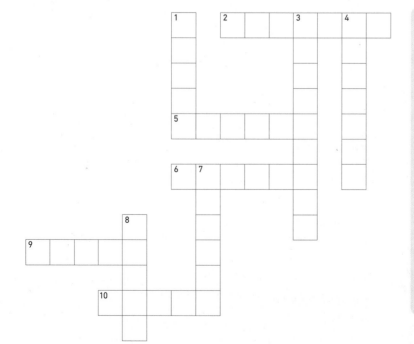

Across

2. 일반적인, 보통의
5. 세계적인, 지구의
6. 미래의, 향후의
9. 추가의
10. 마지막의, 최종적인

Down

1. 틀린, 잘못된
3. 훌륭한, 탁월한
4. 놀라운
7. 유용한, 도움이 되는
8. 기본적인, 기초적인

521	**quick** [kwɪk 퀵] 혱 빠른	a quick temper 급한 성미	quick quick
522	**modern** [mɑ:dərn 모던] 혱 현대의, 모던한	modern city life 현대의 도시 생활	modern modern
523	**daily** [deɪli 데일리] 혱 나날의, 매일 일어나는	a daily newspaper 일간 신문	daily daily
524	**active** [æktɪv 액티브] 혱 활동적인, 적극적인	an active volcano 활화산	active active
525	**critical** [krɪtɪkl 크리티컬] 혱 비판적인, 비난하는	a critical remarks 비판적인 말	critical critical
526	**annual** [ænjuəl 애뉴얼] 혱 매년의, 연례의	annual rainfall 연간 강우량	annual annual
527	**powerful** [pauərfl 파워펄] 혱 영향력 있는, 유력한	a powerful engine 강력한 엔진	powerful powerful
528	**total** [toutl 토털] 혱 총, 전체의	the total cost 전체 비용	total total
529	**favorite** [féivərit 페이버릿] 혱 마음에 드는, 총애하는	my favorite movie star 내가 좋아하는 영화배우	favorite favorite
530	**creative** [kri'eɪtɪv 크리에이티브] 혱 창조적인, 창의적인	creative thinking 창의적 사고	creative creative

531	**green** [griːn 그리인] 휑 녹색의	green fields 초록 들판	green green
532	**normal** [nɔːrml 노우멀] 휑 보통의, 평범한	a normal condition 정상 상태	normal normal
533	**worth** [wɜːrθ 워쓰] 휑 ~의 가치가 있는	It's worth it 가치가 있다	worth worth
534	**actual** [æktʃuəl 액처월] 휑 실제의, 사실상의	an actual person 실재 인물	actual actual
535	**fresh** [freʃ 프레쉬] 휑 신선한, 새로 생긴	Is this milk fresh? 이 우유는 신선한가요?	fresh fresh
536	**direct** [dərekt 다이렉트] 휑 직접적인, 직행의	a direct flight 직행 항공편	direct direct
537	**fine** [faɪn 파인] 휑 좋은, 건강한	a very fine performance 아주 잘 된 공연	fine fine
538	**present** [preznt 프레견트] 휑 현재의, 참석한	in the present situation 현 상황에서	present present
539	**cheap** [tʃiːp 치이프] 휑 싼, 돈이 적게드는	a cheap restaurant 싼 식당	cheap cheap
540	**military** [mɪləteri 밀리터리] 휑 군사의, 무력의	military uniform 군복	military military

541	**primary** [praɪmeri 프라이머리] 휑 주된, 주요한	the primary causes of war 전쟁의 근본 원인	primary primary
542	**rich** [rɪtʃ 리치] 휑 부유한, 돈 많은	rich in oil 석유가 풍부한	rich rich
543	**relevant** [reləvənt 렐러번트] 휑 관련 있는, 적절한	matters relevant to the subject 그 문제에 관련이 있는 사항	relevant relevant
544	**essential** [ɪ'senʃl 에센셔얼] 휑 필수적인, 극히 중요한	an essential part 필수적인 부분	essential essential
545	**aware** [ə'wer 어웨어] 휑 ~을 알고, 눈치 채고 있는	make a person aware of 남에게 ~을 알게 하다	aware aware
546	**cool** [ku:l 쿠울] 휑 시원한, 서늘한	a cool breeze 시원한 산들바람	cool cool
547	**fast** [fæst 패스트] 휑 빠른	a fast response time 빠른 응답시간	fast fast
548	**red** [red 래드] 휑 빨간, 붉은	become red with rage 분노로 새빨개지다	red red
549	**technical** [teknɪkl 테크니컬] 휑 과학 기술의	a technical education 과학 기술 교육	technical technical
550	**overall** [əʊvərɔ:l 오버올] 휑 종합적인, 전체의	an overall view 전체풍경	overall overall

551	**light** [laɪt 라이트] 혱 빛, 광선	It gets light at about 6 o'clock 6시경이면 날이 밝는다	light light
552	**independent** [ɪndɪˈpendənt 인디펜던트] 혱 독립된, 독립적인	an independent country 독립국	independent independent
553	**commercial** [kəˈmɜːrʃl 커머셔얼] 혱 상업의, 상업적인	a commercial transaction 상거래	commercial commercial
554	**complex** [kɒmpleks 컴플렉스] 혱 복잡한	complex machinery 복잡한 기계	complex complex
555	**average** [ævərɪdʒ 애버리지] 혱 평균의, 보통의	the average span of human life 사람의 평균 수명	average average
556	**dark** [dɑːrk 다아크] 혱 어두운, 캄캄한	a dark suit 검은색 정장	dark dark
557	**cultural** [kʌltʃərəl 컬처러얼] 혱 문화의	social and cultural factors 사회적, 문화적 요소들	cultural cultural
558	**standard** [stændərd 스텐더드] 혱 일반적인, 보통의	the standard rate of tax 일반적인 세율	standard standard
559	**foreign** [fɔːrən 포어런] 혱 외국의, 대외의	foreign holidays 외국에서 보내는 휴가	foreign foreign
560	**expensive** [ɪkˈspensɪv 익스펜시브] 혱 비싼, 돈이 많이 드는	an expensive car 고급차	expensive expensive

A 다음 영어단어는 우리말로, 우리말은 영어단어로 쓰세요.

1. daily _____
2. total _____
3. quick _____
4. light _____
5. dark _____
6. 비판적인, 비난하는 _____
7. 창조적인, 창의적인 _____
8. 부유한, 돈 많은 _____
9. 비싼, 돈이 많이 드는 _____
10. 좋은, 건강한 _____

B 우리말을 참고하여 빈칸에 들어갈 단어를 찾아 쓰세요.

1. _____ city life 현대의 도시 생활
2. my _____ movie star 내가 좋아하는 영화배우
3. a _____ engine 강력한 엔진
4. It's _____ it 가치가 있다
5. in the _____ situation 현 상황에서
6. matters _____ to the subject 그 문제에 관련이 있는 사항
7. Is this milk _____? 이 우유는 신선한가요?
8. _____ machinery 복잡한 기계
9. an _____ person 실재 인물
10. _____ uniform 군복

relevant
favorite
present
military
modern
fresh
worth
complex
powerful
actual

C 주어진 문장에 맞는 단어를 보기에서 찾아 문장을 완성하세요.

❶ an _____ volcano 활동적인, 적극적인

❷ a _____ breeze 시원한, 서늘한

❸ _____ holidays 외국의

❹ a _____ restaurant 싼

❺ _____ fields 녹색의

❻ the _____ causes of war 주된, 주요한

❼ a _____ flight 직접적인, 직행의

❽ the _____ span of human life 평균의, 보통의

❾ a _____ condition 보통의, 평범한

❿ an _____ part 필수적인, 극히 중요한

primary
cool
green
essential
active
direct
cheap
average
foreign
normal

D 주어진 해석에 맞는 영어단어로 퍼즐을 완성하세요.

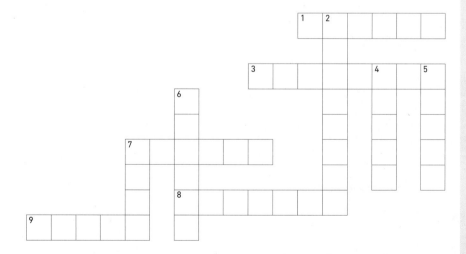

Across

1. 활동적인, 적극적인
3. 영향력 있는, 유력한
7. 직접적인, 직행의
8. 평균의, 보통의
9. 빠른

Down

2. 창조적인, 창의적인
4. 신선한
5. 빛, 광선
6. 보통의, 평범한
7. 어두운, 캄캄한

561	**windy** [wɪndi 윈디이] 형 바람이 많이 부는	a windy day 바람이 많이 부는 날	windy windy
562	**numerous** [nuːmərəs 누머러스] 형 많은	the numerous voice of the people 많은 국민의 목소리	numerous numerous
563	**clean** [kliːn 클린] 형 깨끗한, 깔끔한	Are your hands clean? 네 손 깨끗하니?	clean clean
564	**awesome** [ɔːsəm 어썸] 형 놀랄만한 엄청난	That's totally awesome! 정말 굉장한데!	awesome awesome
565	**proper** [prɑːpə(r) 프라퍼얼] 형 적절한, 제대로 된	at proper time 적당한 때에	proper proper
566	**cold** [koʊld 코올드] 형 추운, 차가운	cold hands and feet 차가운 손발	cold cold
567	**academic** [ækəˈdemɪk 아카데믹] 형 학업의, 학교의	an academic career 학력	academic academic
568	**heavy** [hevi 헤비] 형 무거운, 육중한	a tree heavy with fruit 열매가 많이 달린 나무	heavy heavy
569	**mental** [mentl 멘털] 형 정신의, 정신적인	a mental worker 정신 노동자	mental mental
570	**initial** [ɪˈnɪʃl 이니셜] 형 처음의, 초기의	an initial impression 첫인상	initial initial

571	**negative** [negətɪv 네거티브] 휑 부정적인, 나쁜	**Don't be so negative!** 부정적으로 생각하지 마!	negative negative
572	**central** [sentrəl 센트럴] 휑 중심이 되는	**central London** 런던 중심부	central central
573	**exciting** [ɪkˈsaɪtɪŋ 익사이팅] 휑 신나는, 흥미진진한	**an exciting story** 흥미진진한 이야기	exciting exciting
574	**good** [gʊd 굳] 휑 좋은, 즐거운, 기쁜	**It's good to see you again** 다시 만나게 되어 기뻐요	good good
575	**well** [wel 웰] 휑 건강한, 건강이 좋은	**Get well soon!** 쾌유를 빌어요!	well well
576	**boring** [bɔːrɪŋ 보오링] 휑 재미없는, 지루한	**a boring man** 재미없는 남자	boring boring
577	**bright** [braɪt 브라이트] 휑 밝은, 눈부신, 빛나는	**a bright room** 밝은 방	bright bright
578	**correct** [kəˈrekt 커어렉트] 휑 맞는, 정확한	**the correct answer** 맞는 답	correct correct
579	**dear** [dɪr 디어] 휑 소중한, 사랑하는	**a dear friend of mine** 나의 친한 친구	dear dear
580	**dry** [draɪ 드라이] 휑 마른, 건조한	**a dry river** 말라붙은 강	dry dry

581	**hungry** [hʌŋgri 헝그리] 혱 배고픈, 굶주리는	I'm really hungry 나 정말 배고파	hungry hungry
582	**funny** [fʌni 퍼니이] 혱 우스운, 웃기는, 기이한	a funny fellow 재미있는 친구	funny funny
583	**famous** [feɪməs 페이머스] 혱 유명한	She is a famous person in Korea 그녀는 한국에서 유명한 사람이다	famous famous
584	**foolish** [fuːlɪʃ 풀리쉬] 혱 어리석은, 바보같은	a foolish idea 어리석은 생각	foolish foolish
585	**honest** [ɑːnɪst 아니스트] 혱 정직한, 솔직한	an honest answer 솔직한 대답	honest honest
586	**ill** [ɪl 이일] 혱 아픈, 병 든, 나쁜	He was taken ill suddenly 그는 갑자기 병이 났다	ill ill
587	**loud** [laʊd 라우드] 혱 큰, 시끄러운	The sound is too loud 소리가 너무 커요	loud loud
588	**lucky** [lʌki 럭키] 혱 운이 좋은, 행운의	I was lucky to win 운이 좋게도 이겼어요	lucky lucky
589	**rainy** [reɪni 레이니] 혱 비오는	the rainy season 장마철	rainy rainy
590	**sad** [sæd 세드] 혱 슬픈, 애석한	It's a book with too sad content 너무 슬픈 내용이 담긴 책이다	sad sad

591 near
[nɪr 니어]
혱 가까운

His house is very near
그의 집은 아주 가깝다

near

near

592 sick
[sɪk 씨크]
혱 아픈, 병든

I am sick with a cold
감기 걸려서 아파요

sick

sick

593 sweet
[swiːt 스위트]
혱 달콤한, 단

I want to drink a sweet drink
달콤한 음료수를 마시고 싶다

sweet

sweet

594 tall
[tɔːl 톨]
혱 키 큰

How tall are you?
키가 얼마나 되세요?

tall

tall

595 sunny
[sʌni 서니]
혱 화창한, 명랑한

sunny weather
화창한 날씨

sunny

sunny

596 snowy
[snoʊi 스노우이]
혱 눈에 덮인,
눈이 많이 내리는

a snowy weekend
눈이 많이 내리는 주말

snowy

snowy

597 thin
[θɪn 띤]
혱 얇은, 가는, 마른

a thin board
얇은 판자

thin

thin

598 tired
[taɪərd 타이어드]
혱 피곤한, 지친, 싫증난

I can't do it because I'm tired
피곤해서 못하겠어요

tired

tired

599 wet
[wet 웻]
혱 젖은

It's all wet because it's raining
비가 와서 흠뻑 젖었어요

wet

wet

600 warm
[wɔːrm 워어엄]
혱 따뜻한, 훈훈한

a warm pair of socks
따뜻한 양말 한 켤레

warm

warm

A 다음 영어단어는 우리말로, 우리말은 영어단어로 쓰세요.

1 heavy _____

2 funny _____

3 warm _____

4 clean _____

5 snowy _____

6 적절한, 제대로 된 _____

7 바람이 많이 부는 _____

8 큰, 시끄러운 _____

9 처음의, 초기의 _____

10 밝은, 눈부신 _____

B 우리말을 참고하여 빈칸에 들어갈 단어를 찾아 쓰세요.

1 the _____ voice of the people 많은 국민의 목소리

2 It's _____ to see you again 다시 만나게 되어 기뻐요

3 the _____ answer 맞는 답

4 She is a _____ person in Korea
그녀는 한국에서 유명한 사람이다

5 an _____ career 학력

6 How _____ are you? 키가 얼마나 되세요?

7 Get _____ soon! 쾌유를 빌어요!

8 a _____ river 말라붙은 강

9 a _____ worker 정신 노동자

10 an _____ story 흥미진진한 이야기

tall

good

academic

exciting

numerous

well

famous

dry

correct

mental

C 주어진 문장에 맞는 단어를 보기에서 찾아 문장을 완성하세요.

❶ That's totally _____! 엄청난, 놀랄만한

❷ _____ London 중심이 되는

❸ He was taken _____ suddenly 아픈, 병

❹ a _____ friend of mine 소중한, 사랑하는

❺ a _____ idea 어리석은, 바보같은

❻ Don't be so _____! 부정적인, 나쁜

❼ _____ weather 화창한

❽ It's all _____ because it's raining 젖은

❾ I'm really _____ 배고픈, 굶주리는

❿ a _____ man 재미없는, 지루한

negative

central

foolish

boring

awesome

sunny

dear

wet

ill

hungry

D 주어진 해석에 맞는 영어단어로 퍼즐을 완성하세요.

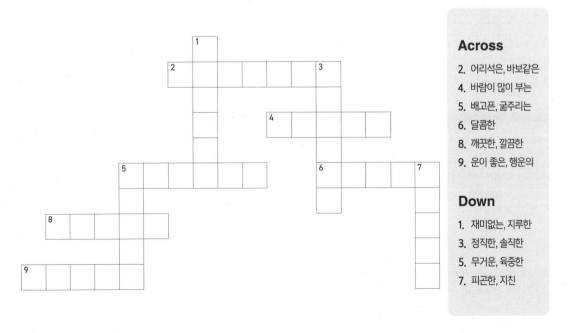

Across

2. 어리석은, 바보같은
4. 바람이 많이 부는
5. 배고픈, 굶주리는
6. 달콤한
8. 깨끗한, 깔끔한
9. 운이 좋은, 행운의

Down

1. 재미없는, 지루한
3. 정직한, 솔직한
5. 무거운, 육중한
7. 피곤한, 지친

정답

UNIT 1

• Review Test 001 ~ 040

A.
❶ 일, 직장   ❷ 경우, 실정
❸ 사람들   ❹ 주제, 쟁점
❺ 학교   ❻ week
❼ user   ❽ service
❾ child   ❿ day

B.
❶ site   ❷ business
❸ system   ❹ world
❺ Family   ❻ member
❼ Time   ❽ program
❾ part   ❿ things

C.
❶ way   ❷ company
❸ book   ❹ number
❺ place   ❻ life
❼ page   ❽ student
❾ experience   ❿ School

D.

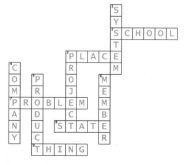

UNIT 2

• Review Test 041 ~ 080

A.
❶ 경기, 게임   ❷ 사람, 개인
❸ 발상, 생각   ❹ 질문, 의문
❺ 힘, 권력   ❻ use
❼ type   ❽ search
❾ course   ❿ job

B.
❶ point   ❷ money
❸ change   ❹ event
❺ team   ❻ article
❼ fact   ❽ name
❾ customer   ❿ example

C.
❶ country   ❷ technology
❸ process   ❹ law
❺ level   ❻ health
❼ medium   ❽ result
❾ end   ❿ friend

D.

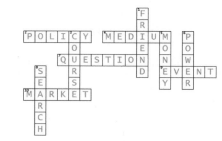

UNIT 3

• Review Test 081 ~ 120

A.
❶ 지원, 적용   ❷ 학급, 반
❸ 이유, 까닭   ❹ 걸음, 걸음걸이
❺ 견해, 생각   ❻ list
❼ quality   ❽ interest
❾ care   ❿ action

B.
❶ cost   ❷ option
❸ client   ❹ source
❺ activity   ❻ rate
❼ price   ❽ room
❾ bit   ❿ design

C.
❶ study   ❷ story
❸ side   ❹ kind
❺ city   ❻ solution
❼ minute   ❽ education
❾ industry   ❿ History

D.

UNIT 4

• Review Test 121 ~ 160

A.
① 나무, 목재 　② 주소
③ 치과의사 　④ 턱
⑤ 나이, 연령 　⑥ effect
⑦ house 　⑧ goal
⑨ box 　⑩ space

B.
① network 　② credit
③ amount 　④ news
⑤ beach 　⑥ feature
⑦ chest 　⑧ skills
⑨ mind 　⑩ training

C.
① night 　② cousin
③ wall 　④ role
⑤ control 　⑥ actress
⑦ field 　⑧ circle
⑨ Office 　⑩ Beef

D.

UNIT 5

• Review Test 161 ~ 200

A.
① 변명, 이유 　② 박물관, 미술관
③ 강아지 　④ 호수
⑤ 기, 깃발 　⑥ glue
⑦ trip 　⑧ deer
⑨ gate 　⑩ stair

B.
① dream 　② knee
③ leaf 　④ future
⑤ neck 　⑥ speech
⑦ hair 　⑧ kids
⑨ matter 　⑩ HoliUNIT

C.
① farm 　② towel
③ knife 　④ hobby
⑤ noise 　⑥ library
⑦ piece 　⑧ letter
⑨ sock 　⑩ gloves

D.

UNIT 6

• Review Test 201 ~ 240

A.
① 쓰다 　② 가져오다
③ 원하다 　④ 가다
⑤ 주다 　⑥ create
⑦ mean 　⑧ take
⑨ have 　⑩ make

B.
① get 　② do
③ know 　④ need
⑤ think 　⑥ help
⑦ try 　⑧ became
⑨ Tell 　⑩ Put

C.
① use 　② read
③ Find 　④ Come
⑤ include 　⑥ keep
⑦ Look 　⑧ Show
⑨ offered 　⑩ ask

D.
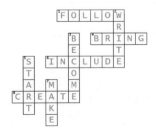

UNIT 7

• **Review Test 241 ~ 280**

A.
① 좋아하다	② 살다, 거주하다
③ 떠나다	④ 돌리다, 돌다
⑤ 잃어버리다, 분실하다	⑥ seem
⑦ set	⑧ happen
⑨ focus	⑩ begin

B.
① run	② Love
③ Let	④ Continue
⑤ Change	⑥ held
⑦ believe	⑧ base
⑨ chose	⑩ lead

C.
① pay	② grow
③ decide	④ receive
⑤ Develop	⑥ play
⑦ support	⑧ move
⑨ understand	⑩ serve

D.

UNIT 8

• **Review Test 281 ~ 320**

A.
① 이야기하다	② 바라다, 희망하다
③ 팔다, 매각하다	④ 들어 올리다
⑤ 논의하다, 상의하다	⑥ post
⑦ stop	⑧ drive
⑨ seek	⑩ reach

B.
① apply	② join
③ design	④ Save
⑤ remember	⑥ watch
⑦ Pass	⑧ open
⑨ agree	⑩ Wait

C.
① appears	② eat
③ suggest	④ Cover
⑤ Accord	⑥ Report
⑦ publish	⑧ Check
⑨ break	⑩ Visit

D.

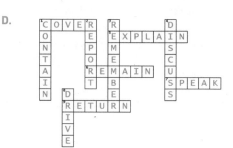

UNIT 9

• **Review Test 321 ~ 360**

A.
① 보호하다	② 들고 있다, 나르다
③ 감사하다	④ 받아들이다
⑤ 의존하다, 의지하다	⑥ deliver
⑦ place	⑧ pick
⑨ draw	⑩ achieve

B.
① Stand	② teaches
③ falls	④ Remove
⑤ face	⑥ note
⑦ cut	⑧ prepare
⑨ Connect	⑩ wish

C.
① sit	② Promote
③ die	④ enter
⑤ Walk	⑥ release
⑦ exists	⑧ address
⑨ Mention	⑩ miss

D.

UNIT 10

• Review Test 361 ~ 400

A. ❶ 사로잡다, 고용하다   ❷ 참다, 견디다
    ❸ 참석하다   ❹ 두드리다, 노크하다
    ❺ 삭제하다   ❻ define
    ❼ hit   ❽ hide
    ❾ pray   ❿ fix

B. ❶ Realize   ❷ Introduce
    ❸ cost   ❹ Prevent
    ❺ hurt   ❻ count
    ❼ Jumped   ❽ drop
    ❾ tied   ❿ forget

C. ❶ Discover   ❷ relax
    ❸ Perform   ❹ contact
    ❺ collect   ❻ Finish
    ❼ hate   ❽ Hurry
    ❾ Laugh   ❿ travel

D.

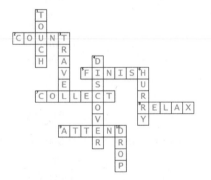

UNIT 11

• Review Test 401 ~ 440

A. ❶ 다른, 다른사람   ❷ 많지 않은, 약간의
    ❸ 즐거운, 좋은   ❹ 각각의
    ❺ 낮은, 아랫부분의   ❻ amusing
    ❼ high   ❽ free
    ❾ only   ❿ big

B. ❶ new   ❷ same
    ❸ own   ❹ important
    ❺ small   ❻ large
    ❼ old   ❽ able
    ❾ long   ❿ personal

C. ❶ Many   ❷ online
    ❸ Current   ❹ different
    ❺ last   ❻ next
    ❼ Social   ❽ little
    ❾ easy   ❿ late

D.

UNIT 12

• Review Test 441 ~ 480

A. ❶ 특수한, 특별한   ❷ 짧은
    ❸ 옳은, 올바른   ❹ 자연의, 정상적인
    ❺ 경제의, 경제성이 있는   ❻ simple
    ❼ open   ❽ specific
    ❾ nice   ❿ various

B. ❶ early   ❷ strong
    ❸ human   ❹ common
    ❺ top   ❻ single
    ❼ due   ❽ happy
    ❾ certain   ❿ professional

C. ❶ second   ❷ interesting
    ❸ original   ❹ true
    ❺ whole   ❻ past
    ❼ recent   ❽ clear
    ❾ main   ❿ perfect

D.

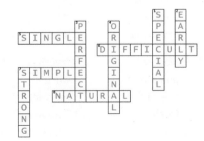

정답

UNIT 13

• Review Test 481 ~ 520

A.
❶ ~할 것 같은, 그럴듯한 ❷ 아름다운, 멋진
❸ 의학의, 내과의 ❹ 기본적인, 기초적인
❺ 추가의 ❻ general
❼ legal ❽ close
❾ wonderful ❿ wide

B.
❶ Entire ❷ successful
❸ Popular ❹ nearly
❺ white ❻ huge
❼ former ❽ Traditional
❾ close ❿ serious

C.
❶ necessary ❷ legal
❸ positive ❹ amazing
❺ responsible ❻ hot
❼ useful ❽ interested
❾ complete ❿ final

D.

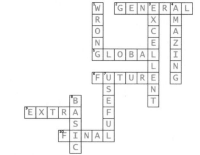

UNIT 14

• Review Test 521 ~ 560

A.
❶ 나날의, 매일 ❷ 총, 전체의
❸ 빠른 ❹ 빛, 광선
❺ 어두운, 캄캄한 ❻ critical
❼ creative ❽ rich
❾ expensive ❿ fine

B.
❶ Modern ❷ favorite
❸ powerful ❹ worth
❺ present ❻ relevant
❼ fresh ❽ Complex
❾ actual ❿ Military

C.
❶ active ❷ cool
❸ Foreign ❹ cheap
❺ Green ❻ primary
❼ direct ❽ average
❾ normal ❿ essential

D.

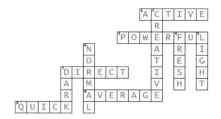

UNIT 15

• Review Test 561 ~ 600

A.
❶ 무거운, 육중한 ❷ 우스운, 웃기는
❸ 따뜻한, 훈훈한 ❹ 깨끗한, 깔끔한
❺ 눈에 덮인, 눈이 많이 내리는 ❻ proper
❼ windy ❽ loud
❾ initial ❿ bright

B.
❶ numerous ❷ good
❸ correct ❹ famous
❺ academic ❻ tall
❼ well ❽ dry
❾ mental ❿ exciting

C.
❶ awesome ❷ Central
❸ ill ❹ dear
❺ foolish ❻ negative
❼ Sunny ❽ wet
❾ hungry ❿ boring

D.

MEMO

MEMO

MEMO

MEMO